KB190650

율법을 이기는
은혜

율법을 이기는 은혜

지은이 | 정의호
초판 발행 | 2020년 8월 10일
펴낸 곳 | 그열매
출판등록 | 2003년 4월 15일
등록번호 | 제145호
등록된 곳 | (16919)경기도 광주시 오포읍 태재로 119
전화 | 031-711-0191
팩스 | 031-711-0149
E-mail | joyfulchurchkorea@gmail.com

www.joyful-c.or.kr

율법에서 은혜로2
적용편

율법을 이기는

은혜

정의호 지음

● 책을 쓰면서

    우리말에 세 살 버릇 여든까지 간다는 말이 있습니다. 사람은 자기가 가지고 있는 생활습관을 스스로 바꾸는 것이 어렵다는 뜻입니다. 이는 처음부터 바른 생활 습관을 형성하는 것의 중요성을 일깨워줍니다.

    신앙생활에서도 마찬가지입니다. 예수 그리스도를 믿을 때 많은 변화가 일어납니다. 하지만 그 속 사람이 온전히 바뀌는 것은 많은 훈련을 통한 값 지불과 시간이 필요합니다. 옛 사람의 습관과 잘못된 신앙 스타일이 몸에 배어있기 때문입니다. 처음부터 굽어진 나뭇가지를 바르게 펴는 것이 어려운 것처럼 오래된 신앙 습관을 바꾸는 것이 어렵습니다.

기독교 신앙은 하나님의 율법인 구약 성경과 예수 그리스도의 십자가와 부활을 중심으로 한 신약 성경을 기초로 합니다. 그런데 아무도 율법으로는 하나님의 의에 이를 수 없습니다. 율법을 다 지킬 수 있는 사람은 아무도 없기 때문입니다. 이로 인해 이 땅에 예수 그리스도가 오셔야 했습니다. 이제 모든 사람은 율법의 행위가 아니라 오직 예수 그리스도를 믿음으로 의롭게 됩니다. 이것이 하나님의 은혜입니다. 그럼에도 예수님이 오셔서 이 은혜의 복음을 전파하실 때 서기관과 바리새인들은 그 복음을 거부하고 율법의 행위로 얻는 구원을 주장했습니다. 그들의 종교적인 관습이 새로운 복음을 받아들이지 못하게 했습니다. 그로 인해 자신도 천국에 들어가지 않을 뿐 아니라 들어가고자 하는 사람들까지 들어가지 못하게 했습니다.

오늘날 교회 안에도 이와 같은 종교인들이 많이 있습니다. 여전히 교회 안에 율법적인 전통과 교리들이 남아있기 때문입니다. 이것은 초대 교회 때부터 2000년 동안 끊임없이 교회가 다루어온 첨예한 문제입니다. 그럼에도 불구하고 지금까지 해결되지 않는 것은 이것이 단순한 교리적인 문제가 아닌 하나님의 구원을 방해하는 종교적인 영과의 싸움이기 때문입니다. 그래서 예수님은 이들을 향해 그들의 아비가 마귀라고 말씀하셨습니다(요한복음 8:44).

이렇게 자기 열심과 노력으로 율법을 이루려는 종교인들은 평생 헌신과 노력으로 고생만 한 채 하나님 나라에 들어가지는 못합니다. 구원은 오직 예수 그리스도의 갈보리 십자가에서만 주어지기 때문입니다.

이들은 자기 열심으로 율법을 이루고자 하는 시내산으로 올라가느라 힘들고 지친 삶을 살다 결국 그들이 의지하는 그 율법의 정죄를 받아 심판 받습니다. 이런 사람은 이제 그 힘든 시내산에서 내려와 예수 그리스도의 십자가가 있는 갈보리로 올라가야 합니다. 시내산에는 힘들게 수고하면서도 늘 율법의 정죄에 시달리며 죄에 속박된 삶을 삽니다. 그러나 예수 그리스도께서 죽으신 갈보리 십자가는 그 율법의 정죄로부터 자유와 쉼을 줍니다.

이 책은 성경의 구체적인 사건들을 통해 율법적인 삶과 은혜로 사는 삶의 실제를 보여 줍니다. 하나님은 우리가 율법의 시내산에서 내려와 예수 그리스도의 십자가가 있는 은혜의 갈보리에서 실제로 쉼을 누리기를 원하십니다.

이 책을 통해 율법주의의 실제를 바로 이해하고, 그 율법을 완성하신 예수 그리스도의 은혜 안에서 실제로 자유케 되는 신앙을 할 수 있기를 기대합니다.

2020년 8월

CONTENTS

누가복음 7:36-50

³⁶ 한 바리새인이 예수께 자기와 함께 잡수시기를 청하니 이에 바리새인의 집에 들어가 앉으셨을 때에 ³⁷ 그 동네에 죄를 지은 한 여자가 있어 예수께서 바리새인의 집에 앉아 계심을 알고 향유 담은 옥합을 가지고 와서 ³⁸ 예수의 뒤로 그 발 곁에 서서 울며 눈물로 그 발을 적시고 자기 머리털로 닦고 그 발에 입맞추고 향유를 부으니 ³⁹ 예수를 청한 바리새인이 그것을 보고 마음에 이르되 이 사람이 만일 선지자라면 자기를 만지는 이 여자가 누구며 어떠한 자 곧 죄인인 줄을 알았으리라 하거늘 ⁴⁰ 예수께서 대답하여 이르시되 시몬아 내가 네게 이를 말이 있다 하시니 그가 이르되 선생님 말씀하소서 ⁴¹ 이르시되 빚 주는 사람에게 빚진 자가 둘이 있어 하나는 오백 데나리온을 졌고 하나는 오십 데나리온을 졌는데 ⁴² 갚을 것이 없으므로 둘 다 탕감하여 주었으니 둘 중에 누가 그를 더 사랑하겠느냐 ⁴³ 시몬이 대답하여 이르되 내 생각에는 많이 탕감함을 받은 자니이다 이르시되 네 판단이 옳다 하시고 ⁴⁴ 그 여자를 돌아보시며 시몬에게 이르시되 이 여자를 보느냐 내가 네 집에 들어올 때 너는 내게 발 씻을 물도 주지 아니하였으되 이 여자는 눈물로 내 발을 적시고 그 머리털로 닦았으며 ⁴⁵ 너는 내게 입맞추지 아니하였으되 그는 내가 들어올 때로부터 내 발에 입맞추기를 그치지 아니하였으며 ⁴⁶ 너는 내 머리에 감람유도 붓지 아니하였으되 그는 향유를 내 발에 부었느니라 ⁴⁷ 이러므로 내가 네게 말하노니 그의 많은 죄가 사하여졌도다 이는 그의 사랑함이 많음이라 사함을 받은 일이 적은 자는 적게 사랑하느니라 ⁴⁸ 이에 여자에게 이르시되 네 죄 사함을 받았느니라 하시니 ⁴⁹ 함께 앉아 있는 자들이 속으로 말하되 이가 누구이기에 죄도 사하는가 하더라 ⁵⁰ 예수께서 여자에게 이르시되 네 믿음이 너를 구원하였으니 평안히 가라 하시니라

율법을 이기는 은혜

율법적인 신앙에서 은혜의 신앙으로 변화되기 위해서는 먼저 두 신앙의 개념을 정확히 알아야 합니다. 1권「시내산에서 갈보리로」에서는 율법과 은혜에 대한 원리적인 개념을 살펴보았습니다. 이제부터는 율법으로 사는 신앙과 은혜로 사는 신앙이 실제 삶에서 어떻게 나타나는지 그 실제를 보고자 합니다.

누가복음 7장에는 율법으로 사는 사람과 은혜로 사는 사람의 대조적인 삶이 나옵니다. 한 사람은 율법을 지킴으로 하나님의 의에 이르고자 하는 바리새인이고, 다른 한 사람은 율법을 지키지 못한 채 죄만 짓고 산 여인입니다.

율법주의자들은 사람들 보기에 스스로 율법을 잘 지키며 하나님을 잘 섬기는 사람으로 알려졌습니다. 그러나 실제로 그들은 하나님 앞에 매우 인색하고 초라한 수준의 삶을 살았습니다. 그에 해당하는 대표적인 사람이 바리새인과 서기관입니다.

　하나님이 내신 율법의 대강령을 기준으로 그들의 삶을 살펴볼 때 그들의 신앙의 실제를 알 수 있습니다. 율법의 대강령은 하나님 사랑과 이웃 사랑입니다. 그런데 바리새인은 하나님이신 예수님을 사랑하는데 매우 인색했습니다. 그리고 같은 동네에 사는 이웃 여인을 사랑하기보다 비난하고 정죄했습니다. 이처럼 그들은 율법의 기본조차 지키지 못하면서 스스로 율법을 잘 지킨다고 생각하는 모순된 삶을 살았습니다. 이것이 율법을 섬겼던 바리새인들의 실상이었습니다. 그들이 그렇게 살 수밖에 없었던 이유는 율법을 아는 지식과 행위로는 율법이 추구하는 사랑을 만들어낼 수 없기 때문입니다. 그들이 하나님을 잘 섬기고 이웃을 사랑하는 것처럼 보였던 이유는 사람 앞에 보이기 위해 행하는 그들의 외식하는 행동 때문이었습니다.

　그러나 예수님 앞에서는 각 사람 속에 숨겨진 모든 실체가 다 드러납니다. 예수님의 말씀은 우리 속에 있는 모든 숨겨진 실체를 드러내는 능력이 있습니다. 하나님의 말씀이 육신을 입고 오신 분이 예수님이십니다. 하나님의 말씀은 각 사람의 혼과 영과 관절과 골수를 찔러 쪼개며, 마음의 생각과 뜻까지 다 판단하는 능력이 있습니다. 그래서 사람 앞에서는 속이고, 감추며, 위장할 수 있는 것들도 빛이신 예수님 앞에서는 다 드러납니다.

히브리서 4:12

하나님의 말씀은 살아 있고 활력이 있어 좌우에 날선 어떤 검보다도 예리하여
혼과 영과 및 관절과 골수를 찔러 쪼개기까지 하며 또 마음의 생각과 뜻을 판
단하나니

우리 속에 있는 모든 것은 각 사람이 예수님을 대하는 반응을 통해 자신의 영적 실체가 어떠한지 나타납니다. 마치 리트머스 종이나 지시약에 나타난 반응을 통해 용액이 산성인지 염기성인지를 금방 알 수 있는 것과 같습니다.

본문에서도 율법으로 하는 신앙과 죄 사함 받은 은혜로 하는 신앙의 실제가 잘 드러납니다. 사람은 예수님을 대할 때 그 사람 속에 있는 자신의 영적 상태 그대로 예수님을 대하게 됩니다. 그래서 주님의 은혜를 받은 사람은 그 은혜로 예수님을 대하고, 은혜가 없는 사람은 은혜없는 그 모습으로 예수님을 대하게 됩니다.

여기 나오는 두 사람이 예수님을 대하는 반응은 너무나 대조적입니다. 은혜로 주님을 섬기는 사람과 율법으로 주님을 섬기는 사람의 행동은 마치 빛과 어둠처럼 확연히 구분됩니다. 두 사람을 통해 주님의 은혜로 하는 신앙이 자기 의로 하는 율법 신앙보다 얼마나 강한지를 보여줍니다. 두 사람이 하는 신앙의 차이를 통해 우리가 왜 초라한 율법 신앙에서 벗어나 은혜 안에 강한 신앙을 해야 하는지 그 이유를 깨달을 수 있습니다.

율법으로 하는 신앙

시몬이라는 한 바리새인이 예수님을 자기 집 식사 자리에 초대했습니다. 바리새인은 예수님을 믿지 않고 율법으로 하나님의 의에 이르고자 하는 사람들입니다. 이런 바리새인이 자기 집에 예수님을 초청한 것은 매우 이례적인 일입니다. 그런데 이 자연스럽지 않은 초대를 통해 예수님 앞에 자기의 실체를 드러내는 기회가 되었습니다. 시몬이 자기 집에 초청한 예수님을 어떻게 맞이하고, 어떻게 섬겼는지를 통해 그의 실체가 다 드러났습니다.

발 씻을 물도 주지 않음

유대 풍속에서는 손님이 집에 오면 물을 받아 발을 씻겨주는 것이 기본 예의입니다. 먼지가 많은 중동 지방에서는 샌들을 신고 다녔기 때문에 방문하는 손님들의 발도 온갖 흙먼지로 더러워졌습니다. 그래서 어느 집이든 손님이 방문하면 먼저 발부터 씻게 했습니다. 주인이 종을 시켜 손님들의 발을 닦아주는 것이 아주 자연스러운 일이었습니다.

그런데 바리새인 시몬은 예수님이 집에 들어오셨는데도 발 씻을 물도 주지 않았습니다. 이것은 초청받은 사람을 무시하는 매우 무례한 행동입니다. 예수님은 손님으로서 마땅히 받아야 할 기본적인 대우조차 받지 못한 채 무시를 당하셨습니다. 더구나 다른 손님들에게는 다 발 씻을 물을 주면서도 예수님에게만 주지 않은 것은 예수님에 대한 적대적인 마음을 드러낸 것입니다. 예수님은 그 굴욕적인 모욕과 무시를 당하시면서도 한마디 말씀도 하지 않으셨습니다. 초청받은 손님이면서도 발도 씻지 못한 채 그대로 앉아 계셨습니다.

이처럼 율법주의자인 시몬은 예수님을 자기 집에 초청하는 일은 할 수 있었어도 예수님을 사랑의 마음으로 섬길 수는 없었습니다. 율법으로 사는 사람은 하나님을 사랑하는 마음이 없기에 예수님을 사랑하고 존경하는 마음도 없었습니다. 그래서 그가 예수님을 초청할 수는 있었으나 마음으로 섬길 수는 없었습니다. 이처럼 예수님의 은혜를 모르면 예수님을 진심으로 섬기는 것이 어렵습니다. 예수님의 은혜를 모르는 시몬은 자기 집에 예수님을 초대해 놓고도 발 씻을 물조차 드릴 능력이 없었습니다. 이것이 종교적으로 살면서 율법을 주장하는 사람의 실제이고 한계입니다. 율법적인 삶은 우리를 하나님 앞에 초라한 모습으로 만들 뿐입니다.

입 맞추지도 않음

유대 풍속에서는 자기 집에 들어오는 손님에게 얼굴이나 손에 사랑의 표시로 입맞춤을 하는 것은 일상적인 예의입니다. 그런데 이 바리새인은 자기 집에 초청한 예수님에게 이런 기본적인 예의조차 표하지 않았습니다. 이것은 예수님을 무시하고, 배척하는 악한 행위라 할 수 있습니다.

예수님은 시몬으로부터 환영받지 못하는 이런 무례한 행동을 다

참고 감당하셨습니다. 왜냐하면 예수님의 사랑을 모르는 사람은 예수님을 사랑할 수 없다는 것을 아셨기 때문입니다. 다른 손님들에게는 다 하면서도 예수님께는 할 수 없는 그것을 통해 그 속에 있는 영적 실제를 드러내었습니다. 율법으로 하나님께 제사를 드리고, 안식일을 지키고, 십일조를 할 수 있을지 몰라도, 그런 행위 자체가 주님을 사랑하게 할 수는 없습니다. 율법의 행위로는 주님에 대한 사랑을 만들어 낼 수 없기 때문입니다.

감람유도 붓지 않음

유대인의 풍속에서는 손님의 머리에 감람유를 바르는 것으로 그 사람에 대한 존경을 표현합니다. 이것 또한 일반적으로 행해지는 것이며 특별한 것이 아닙니다. 또 감람유는 이스라엘에 흔한 올리브 열매에서 추출하는 기름으로 비싼 것이 아닙니다. 유대인들이 일상적으로 쓰던 흔한 기름입니다. 그런데 시몬은 예수님께 그 흔한 감람유조차도 붓지 않은 비상식적인 행동을 했습니다.

옆집에서 손님이 와도 감람유를 바르는 것은 자연스러운 일이었습니다. 그런데 예수님은 스스로 찾아오신 것도 아니고 시몬이 먼저 초청해서 오셨음에도 너무 무례한 대우를 했습니다. 예수님에 대한 인격적인 모독을 한 것입니다. 아무리 율법을 잘 지키고 예의가 바른 사람이라 해도 예수님의 은혜를 모르는 사람은 예수님을 무례하고 인색하게 대할 수밖에 없습니다. 다른 손님들에게는 감람유를 아낌없이 발라주어도 예수님께는 값싼 감람유조차 아까워합니다. 예수님을 사랑하고 존중하는 마음이 없는 사람은 예수님께 드리는 것을 허비하고 낭비한다고 생각합니다. 이것이 시몬 안에 있는 하나님에 대한 영적 실체입니다.

죄인을 정죄함

예수님이 바리새인 시몬의 푸대접을 받고 있을 때, 그 동네에 사는 죄인인 한 여자가 바리새인 시몬의 집에 들어왔습니다. 그녀의 손에는 향유를 담은 옥합이 들려 있었습니다. 그녀는 예수님의 발 곁에 서서 울며 눈물로 예수님의 발을 적시고 머리털로 닦았습니다. 그리고 그 발에 입맞추고 향유를 부었습니다.

시몬은 죄인인 이 여자가 자기 집에 들어와 극진한 사랑으로 예수님을 섬기는 것을 다 보았습니다. 자기는 발 씻을 물도 주지 않았으나 그녀는 자기 눈물로 예수님의 발을 닦았습니다. 그는 예수님께 입 맞추지도 않았으나 그녀는 들어올 때부터 예수님의 발에 입을 맞추었습니다. 그리고 그는 예수님 머리에 감람유도 붓지 않았으나 그녀는 값진 향유를 예수님 발에 부었습니다.

바리새인 시몬이 정상적인 마음을 가졌다면, 여자의 이런 행동을 보고 양심이 찔렸어야 했습니다. 자신이 예수님께 한 행동이 부끄럽게 느껴지고, 회개하는 마음이 들어야 마땅합니다. 그러나 그는 그렇게 헌신적인 사랑으로 예수님을 섬기는 여인을 보고도 부끄러워 하기보다 오히려 정죄하는 마음을 가졌습니다. 그 여인이 과거 죄인이었다는 이유로 율법의 기준으로 그녀를 판단했습니다.

그는 이 여인이 예수님께 자기 죄를 용서받았다는 사실을 알지 못했습니다. 시몬은 예수님의 죄 사함의 은혜가 무엇인지 알지 못했습니다. 왜냐하면 평생 율법주의의 그늘 아래서 살았던 그는 용서라는 개념을 알지 못하기 때문입니다. 자신이 회개하고 용서받은 경험이 없는 사람은 다른 사람의 죄도 용서할 수 없습니다. 그래서 예수님이 이미 용서해 주신 사람을 정죄하며 심판받아야 할 죄인으로 취급했습니다.

예수님은 죄인을 용서함으로 그를 죄에서 구원하여 의롭게 하십니다. 그러나 율법은 용서받은 죄인을 정죄와 판단으로 죽이는 일을 합니다. 율법은 예수님을 믿고 자기 죄를 회개하고 새 사람이 되어도 여전히 옛 사람으로 대하고 판단합니다. 율법주의자들에게 한 번 죄인은 영원한 죄인이 됩니다. 그래서 율법 아래서는 죄인이 새롭게 될 기회가 없습니다.

우리가 다른 사람을 대할 때 어떤 기준에서 보는지를 생각해 보아야 합니다. 과거의 죄를 기준으로 사람을 판단하고 있는지 아니면 예수 그리스도 십자가의 관점에서 보는지를 생각해 보아야 합니다. 자기 죄가 용서받지 못한 사람은 다른 사람을 죄의 관점에서 보게 됩니다. 그래서 다른 사람을 정죄와 판단으로 죽이는 역할을 하게 됩니다. 그러나 십자가에서 자기 죄 문제를 용서받은 사람은 다른 사람을 십자가의 용서의 마음으로 바라보게 됩니다. 이런 사람은 죄에 매인 사람을 그 죄에서 구원하는 일을 할 수 있습니다.

예수님을 판단함

바리새인 시몬은 그 여자를 판단했을 뿐 아니라, 그 여자가 하는 행동을 그대로 용납하시는 예수님에 대해서도 마음이 불편했습니다. 그는 예수님이 참 선지자라면 이 여인이 죄인이라는 것을 알고 마땅히 책망했어야 한다고 마음 속으로 생각했습니다. 예수님을 선지자로 인정하지 못하는 마음을 품고 예수님을 판단한 것입니다. 그는 여인이 예수님의 죄 사함으로 의롭게 된 것을 이해하지 못했기에 예수님을 자기 수준으로 생각했습니다. 예수님이 그런 여자를 꾸짖어 쫓아내지 않는 것에 대해 예수님을 판단했습니다. 예수님은 그런 시몬의 속마음을 다 아셨습니다. 율법주의자들의 위선은 사람에게는 감춰질지 몰라도 예수님 앞에서는 다 드러나게 됩니다.

시몬의 눈에는 그 여인이 더러운 죄인으로 보였지만 예수님께 이 여인은 더 이상 과거의 더러운 그 여인이 아니었습니다. 하나님 앞에서 이 여인은 바리새인보다 더 의롭고 정결한 의인이었습니다. 오히려 더럽고 악한 죄인은 시몬이었습니다. 그는 예수님을 초대해 놓고도 무례히 대하고 예수님이 용서한 사람을 오히려 판단하는 악한 사람이었습니다. 그가 한 일이라고는 하나님이신 예수님을 사랑하지 않고 무시하고 판단한 일과 자기 이웃인 여인을 사랑하지 않고 정죄한 이

두 가지 뿐이었습니다. 결국 율법을 잘 지키려고 애쓰던 율법주의자인 시몬은 하나님을 사랑하지도 못하고, 이웃을 사랑하지도 못했습니다. 이것은 율법을 지키려고 애쓰는데도 스스로 율법을 어기는 모순입니다. 율법주의자인 그가 이럴 수밖에 없었던 이유는 한가지입니다. 하나님을 사랑하고 이웃을 사랑하라는 율법을 지킬 수 있는 능력은 율법을 아는 지식이 아니라 주님으로부터 받은 은혜에서 나오는데, 그에게는 그 은혜가 없었기 때문입니다.

교회를 다니면서도 율법적인 종교생활을 하는 이유는 회개와 죄 사함의 은혜를 모르기 때문입니다. 예수님의 죄 사함의 은혜를 모르면 주님을 사랑할 수 없습니다. 예수님의 사랑을 받은 것이 있어야 예수님을 사랑할 수 있습니다. 그리고 예수님의 죄 사함의 은혜가 있어야 다른 죄인을 용서하고 사랑할 수 있습니다. 그래서 예수님의 십자가의 사랑을 받은 사람만 하나님을 사랑하고 이웃을 사랑하는 율법을 온전히 이룰 수 있습니다.

예수님은 이것을 빚진 자의 비유를 통해 설명해 주셨습니다. 율법으로 사는 사람과 은혜로 사는 사람이 왜 다를 수밖에 없는지 그 이유를 보여줍니다.

예수님은 시몬에게 빚 주는 자가 500데나리온 빚진 자와 50데나리온 빚진 자를 둘 다 탕감해 주었을 때 누가 그 주인을 더 사랑하겠느냐고 물으셨습니다. 탕감이란 아무 대가 없이 빚을 없애주는 것입니다. 조건 없이 용서해 주는 은혜입니다. 이에 시몬이 많이 탕감받은 사람이라고 대답했습니다. 이것이 바로 그 여인이 왜 예수님을 더 사랑하는지에 대한 이유입니다.

시몬은 바리새인으로서 이 여인보다 죄를 적게 지었을 수 있습니다. 율법을 지키려고 안식일과 십일조를 지키며 율법에 정한 여러 가지 조항을 지키려고 했을 것입니다. 그에 비해 이 여인은 율법에 하지 말라고 한 죄를 지으면서 하나님께 많은 빚을 지는 삶을 살았습니다. 바리새인의 죄는 50정도라면 여인의 죄는 500정도의 큰 죄였습니다. 그런데 어느 날, 예수님이 500정도 되는 여인의 큰 죄를 탕감해 주었고, 바리새인의 50정도 되는 적은 죄도 탕감해 주었습니다. 그 여인은 500이나 되는 죄를 탕감받았으므로 그것을 탕감해 주신 예수님에 대한 감사와 사랑이 너무나 컸을 것입니다. 하지만 자기 빚을 50밖에 탕감받지 않은 바리새인은 예수님에 대한 감사가 적었을 것입니다. 그래서 바리새인 시몬은 예수님에 대한 사랑이나 존경이 없었고, 500의 죄를 탕감받은 그 여인이 예수님을 자신의 생명처럼 사랑하는 것을 이해하지도 못할뿐더러 인정할 수도 없었습니다. 반면 시몬에 비해 죄가 많은 이 여인은 그 모든 죄를 탕감받았기 때문에, 자신의 모든 것을 드려서 예수님을 섬기고 사랑할 수 있었습니다.

똑같이 교회를 다녀도 죄 사함의 은혜를 많이 받은 자가 예수님을 더 많이 사랑하게 되고 예수님의 죄 사함의 은혜가 적은 자는 주님을 적게 사랑하게 됩니다. 이것이 율법주의 신앙이 예수님을 사랑 없이 무례하고 인색하게 대할 수밖에 없는 이유입니다. 죄 사함의 은혜가 없는 곳에는 주님을 사랑할 수 있는 능력도 없습니다. 바리새인 시몬의 가장 큰 문제는 죄 사함의 은혜를 경험하지 못한 것입니다. 주님을 사랑할 수 있는 힘은 죄를 덜 지을 때 나오는 것이 아니라 죄를 용서받은 은혜에서 나옵니다. 죄 사함의 은혜가 율법의 벽을 허무는 능력이 됩니다.

은혜로 하는 신앙

누가복음 7:37

그 동네에 죄를 지은 한 여자가 있어 예수께서 바리새인의 집에 앉아 계심을 알고 향유 담은 옥합을 가지고 와서

누가복음 7:38

예수의 뒤로 그 발 곁에 서서 울며 눈물로 그 발을 적시고 자기 머리털로 닦고 그 발에 입맞추고 향유를 부으니

예수님의 은혜를 받은 죄인인 한 여자가 예수님께서 바리새인의 집에 계신다는 것을 알았습니다. 당시 죄인으로 불리는 여자는 주로 창기를 말했습니다. 이 여인은 율법을 지키며 거룩하게 살고자 했던 바리새인과는 매우 대조적인 신분이었습니다. 하지만 죄인인 이 여인

은 신분뿐만 아니라 주님을 섬기는 방법도 바리새인과는 완전히 달랐습니다. 시몬이 율법의 의로 예수님을 섬기고자 했다면, 이 여인은 오직 은혜로만 예수님을 섬겼습니다. 이 여인의 모습을 통해 은혜로 하는 신앙의 실제를 볼 수 있습니다.

주님을 향한 열정

이 여인은 바리새인의 집에 초청받을 자격도 없는 죄인이었습니다. 그럼에도 그녀는 초청받지도 않은 바리새인의 집에 무단으로 들어가는 모험을 감행했습니다. 그곳에 들어가면 그 여인은 어떤 정죄를 받을지를 잘 알고 있었습니다. 하지만 그 여인은 자신에게 주어질 그 정죄를 두려워하지 않고 시몬의 집에 들어갔습니다. 왜냐하면 예수님을 만나고 싶은 뜨거운 마음을 억제할 수 없었기 때문입니다.

이처럼 은혜는 죄 사함을 경험한 사람에게 일반적인 상식 차원을 뛰어넘는 열정과 담대한 마음을 줍니다. 이 여인이 받은 은혜가 자신의 신분과 사람들의 상식적인 벽을 넘어서게 했습니다. 이것이 예수님으로부터 죄 사함을 받은 사람에게 주어지는 은혜의 힘입니다. 이 여인이 죄인의 신분으로 바리새인의 집에 들어가는 것은 상식적으로 있을 수 없는 일입니다. 더구나 초대받지 않은 불청객일 뿐 아니라 사람들이 정죄하는 소문난 죄인이었습니다.

지금까지 이 여인은 자신의 죄 때문에 정죄와 배척을 당하고 비난과 멸시를 받았을 것입니다. 그럴 수밖에 없는 자신의 마음을 이해하거나 보듬어주는 사람은 아무도 없었을 것입니다. 심지어 자기 부모나 형제도 가문의 수치라며 자신을 정죄하고 배척했을 것입니다. 이렇게 여인은 이 세상에서 자기의 형편을 누구에게도 이해받지 못한 채 죄인으로 오랫동안 멸시와 정죄만 받고 살아야 했을 것입니다. 그런데 이 세상에 오직 예수님만은 자기 죄를 묻지 않으시고 용서해 주셨고, 따뜻한 사랑으로 받아주셨습니다.

이 여인은 태어나서 한번도 자기를 이렇게 사랑해 준 사람을 만나지 못했을 것입니다. 예수님의 감격적인 사랑을 받은 여인의 마음에서 예수님을 향한 뜨거운 열정이 나오게 되었습니다. 여인이 받은 그 예수님의 사랑이 주님을 향한 뜨거운 헌신과 사랑을 만들어낸 것입니다.

이 세상 사람들은 모두 의인만 좋아하고 죄인은 미워하고 배척합니다. 친구를 사귀어도 자기와 잘 맞고, 유익이 되는 사람만 골라 사귀려 합니다. 신분이나 수준이 안 맞는 사람은 상대하지도 않고 배척합니다. 그래서 이 세상에서는 못나고, 가진 것 없고, 천하고, 자질이 없는 자들은 아무도 받아주는 데가 없어 설 자리가 없습니다.

이런 세상에서 오직 예수님만은 의인들을 찾아다니지 않으시고 죄인들만 찾으러 다니십니다. 세리를 만나기 위해 세관으로 찾아가셨고, 병자들, 귀신 들린 자들과 주님을 필요로 하는 약한 자들이 있는 곳으로 찾아가셨습니다. 왜냐하면 예수님은 건강한 자에게는 필요없고, 병든 자에게 필요하기 때문입니다. 예수님은 의인을 부르러 오신 것이 아니라 죄인을 불러 회개시키려고 이 땅에 오셨습니다. 스스로 문제없고 건강하게 여기는 사람은 예수님을 필요로 하지 않습니다. 하지만 자기 죄 문제로 인해 고통 받는 자들은 예수님을 필요로 합니다. 그래서 세상에서 약하고 미련하여 배척받고 미움받는 사람이 예수님의 죄 사함의 사랑을 더 빨리 경험합니다. 이것이 연약한 죄인에게 주시는 예수님의 은혜입니다.

주님을 향한 사랑

이 여인은 집에 들어오자 예수님의 뒤로 그 발 곁에 서서 하염없이 울었습니다. 예수님을 보는 순간 예수님의 은혜가 너무 감사해서 흐르는 눈물을 멈출 수 없었습니다. 그녀는 집에 들어올 때부터 계속 예수님의 발에 입 맞추기를 그치지 않았습니다.

이것은 의례적인 행위가 아니라 마음 속에서부터 흘러나오는 예수님을 향한 사랑과 은혜에서 나오는 진실한 마음입니다. 그녀의 눈에서 흐르는 뜨거운 눈물이 예수님의 발을 적실만큼이나 되었습니다. 그녀는 예수님의 더러워진 발을 보고 마음이 더 아팠을 것입니다. 다른 사람의 발은 다 깨끗한데 예수님의 발만 더러운 것을 보았을 것입니다. 귀하신 예수님이 발 씻을 물조차 섬김받지 못하시고 푸대접을 당한 것이 무척이나 마음이 아팠을 것입니다. 그래서 자기의 소중한 머리털로 더러워진 예수님의 발을 닦았습니다. 그런 후 주님의 발에 자기 입을 맞추었습니다. 바리새인은 의례적으로도 할 수 없었던 것을 여인은 마음을 다해 사랑으로 예수님을 섬겨드렸습니다.

그녀는 주님을 너무 사랑하기에 자신의 마음에서 나오는 뜨거운 눈물과 자기의 소중한 머리털로 주님의 발을 닦았습니다. 그리고 주님의 발에 입맞춤으로 주님에 대한 뜨거운 사랑을 나타냈습니다. 이것은 율법이 흉내 낼 수 없는 오직 주님의 은혜를 아는 사람만 할 수 있는 순수한 사랑입니다. 율법 어디에도 이런 식으로 주님을 사랑하라는 법은 없습니다. 오직 주님의 은혜가 이런 막을 수 없는 사랑을 하게 합니다. 이것이 마음과 목숨과 뜻을 다하여 주님을 사랑하라는 율법을 이루는 것입니다.

이 여인은 율법의 기준에서는 아무 의를 행한 것 없이 죄만 지은 죄인입니다. 은혜를 받을 만한 어떤 자격이나 노력도 하지 않았습니다. 그러나 예수님의 값없는 죄 사함의 은혜가 여인으로 하여금 주님을 사랑으로 섬기는 새로운 삶을 살게 했습니다. 주님의 은혜를 받은 사람은 율법이 없어도 율법을 넘어서는 일을 합니다. 주님의 은혜가 율법을 이기기 때문입니다. 예수님 앞에서 이 여인 속에 있는 아름다운 실제가 다 드러나게 되었습니다.

주님을 향한 헌신

그녀는 예수님께 나올 때 그 손에 값비싼 향유를 담은 옥합을 가지고 나왔습니다. 여인은 예수님께서 자기 동네에 오셨다는 소문을 들었을 때부터 예수님을 만나고 싶은 불타는 마음을 억제 할 수 없었을 것입니다. 그리고 예수님을 어떻게 섬기며, 자신이 받은 그 은혜와 사랑에 무엇으로 예수님께 감사의 마음을 드릴까를 생각했을 것입니다. 오랫동안 창녀로 살아온 것을 보면 집에 드릴만 한 좋은 것이 없었을 것입니다. 하지만 여인은 가장 귀하고 값진 것으로 주님께 드리고 싶었습니다. 당시 여인들이 재물을 모으는 수단은 값비싼 향유를 모으는 것이었는데, 이 여인 역시 옥합에 향유를 모으고 있었습니다. 아마도 이 향유 옥합은 그녀가 가지고 있었던 가장 값진 재산이었을 것입니다. 어려운 생활 중에 모은 향유는 여인에게 있어서는 자기 생명 값이라 할 만큼 값진 것입니다. 그녀는 자신의 눈물과 머리털로 예수님의 발을 닦고 그 발에 입 맞춘 뒤, 이 소중한 향유를 예수님 발에 아낌없이 부어 드렸습니다. 그녀는 예수님께 자기 생명같은 값진 향유를 아낌없이 부어드린 것입니다.

바리새인 시몬은 물로도 예수님의 발을 씻겨주지 않았지만 그녀는 값진 눈물과 소중한 향유로 그 귀한 발을 씻겨 드렸습니다. 주님의 은혜에서 나오는 뜨거운 사랑이 종교적인 의무로 하는 인색한 율법을 이기는 모습입니다.

그녀는 죄로 인해 죽을 수밖에 없었던 자기 인생을 값없이 용서해 주신 예수님께 뜨거운 사랑을 부어드렸습니다. 주님의 은혜를 모른 채 감람유 한 방울도 아까워하는 바리새인에게는 이런 향유를 아낌없이 붓는 것은 도저히 상상조차 할 수 없는 일입니다. 그러나 이 여인에게는 자기가 받은 은혜에 비하면 이 향유는 결코 비싼 것이 아닙니다. 예수님께 받은 사랑에 비하면 이 향유는 오히려 너무 부족하고 초라한 것으로 결코 아까운 것이 아닙니다.

바리새인 시몬은 예수님을 자기 집에 초청은 했으나 예수님을 위해 아무 것도 한 것이 없었습니다. 반면 죄인인 여인은 예수님을 초청할 자격도 없고 예수님을 모실만한 좋은 집도 없고, 예수님을 섬겨드릴 좋은 음식도 없었습니다. 그러나 주님이 주신 죄 사함의 은혜에서 나오는 사랑으로 자신의 생명 값과 같은 향유를 아낌없이 드려 예수님을 섬겼습니다. 이것이 바로 예수 그리스도를 통해 천국을 소유하게된 사람의 모습입니다. 천국은 주님을 사랑하는 자가 은혜로 차지하는 나라입니다.

은혜가 없으면 예수님을 초청은 하지만 예수님을 위해 아무 것도 할 수 없습니다. 율법의 의무와 책임감만으로는 주님을 사랑할 수 없습니다. 그래서 사람보기에는 율법이 강한 것 같지만 하나님 나라에서는 언제나 은혜가 그 율법을 이깁니다. 은혜는 율법으로 할 수 없는 것을 하는 능력이 있기 때문입니다. 율법으로 하는 헌신과 열심으로는 예수님을 진심으로 사랑할 수 없습니다. 율법주의는 주님의 사랑과 은혜를 모르기 때문입니다. 사랑은 율법의 형식과 의무에서 나오는 것이 아니라 주님의 죄 사함의 은혜에서 나옵니다.

누가복음 7:48

이에 여자에게 이르시되 네 죄 사함을 받았느니라 하시니 주님의 죄 사함의 은혜가 많은 사람이 주님을 많이 사랑하고, 죄 사함의 은혜가 적은 사람은 주님을 적게 사랑합니다. 죄인인 우리는 예수님의 십자가의 은혜로만 살 수 있습니다. 죄 사함의 은혜가 없는 사람은 율법으로 살 수밖에 없습니다. 그 율법으로는 온전히 예수님을 사랑할 수도 없고 섬길 수도 없습니다. 그래서 예수 그리스도로부터 나온 은혜가 모세로부터 주어진 율법을 이기고 그 차원을 넘어섭니다. 이제 율법으로 하는 초라한 종교 생활에서 벗어나 죄 사함의 은혜로 율법을 이기는 신앙으로 나가야 합니다. 율법을 이기는 은혜가 예수님을 향해 더 깊은 사랑으로 나가게 할 것입니다.

은혜가 없으면 예수님을 초청은 하지만 예수님을 위해 아무 것도 할 수 없습니다. 율법의 의무와 책임감만으로는 주님을 사랑할 수 없습니다. 그래서 사람보기에는 율법이 강한 것 같지만 하나님 나라에서는 언제나 은혜가 그 율법을 이깁니다.

나누어 보기

1. 바리새인 시몬이 예수님을 어떻게 대했으며 왜 그렇게 했는지 나누어 보세요.

2. 죄인인 여인이 예수님을 어떻게 섬겼으며, 그 이유가 무엇인가요?

3. 예수님이 말씀하신 탕감의 원리가 어떤 의미인지 나누어 보세요.

4. 예수님의 은혜가 율법을 이기는 이유에 대해 나누어 보세요.

¹¹ 또 이르시되 어떤 사람에게 두 아들이 있는데 ¹² 그 둘째가 아버지에게 말하되 아버지여 재산 중에서 내게 돌아올 분깃을 내게 주소서 하는지라 아버지가 그 살림을 각각 나눠 주었더니 ¹³ 그 후 며칠이 안 되어 둘째 아들이 재물을 다 모아 가지고 먼 나라에 가 거기서 허랑방탕하여 그 재산을 낭비하더니 ¹⁴ 다 없앤 후 그 나라에 크게 흉년이 들어 그가 비로소 궁핍한지라 ¹⁵ 가서 그 나라 백성 중 한 사람에게 붙여 사니 그가 그를 들로 보내어 돼지를 치게 하였는데 ¹⁶ 그가 돼지 먹는 쥐엄 열매로 배를 채우고자 하되 주는 자가 없는지라 ¹⁷ 이에 스스로 돌이켜 이르되 내 아버지에게는 양식이 풍족한 품꾼이 얼마나 많은가 나는 여기서 주려 죽는구나 ¹⁸ 내가 일어나 아버지께 가서 이르기를 아버지 내가 하늘과 아버지께 죄를 지었사오니 ¹⁹ 지금부터는 아버지의 아들이라 일컬음을 감당하지 못하겠나이다 나를 품꾼의 하나로 보소서 하리라 하고 ²⁰ 이에 일어나서 아버지께로 돌아가니라 아직도 거리가 먼데 아버지가 그를 보고 측은히 여겨 달려가 목을 안고 입을 맞추니 ²¹ 아들이 이르되 아버지 내가 하늘과 아버지께 죄를 지었사오니 지금부터는 아버지의 아들이라 일컬음을 감당하지 못하겠나이다 ²² 아버지는 종들에게 이르되 제일 좋은 옷을 내어다가 입히고 손에 가락지를 끼우고 발에 신을 신기라 ²³ 그리고 살진 송아지를 끌어다가 잡으라 우리가 먹고 즐기자 ²⁴ 이 내 아들은 죽었다가 다시 살아났으며 내가 잃었다가 다시 얻었노라 하니 그들이 즐거워하더라 ²⁵ 맏아들은 밭에 있다가 돌아와 집에 가까이 왔을 때에 풍악과 춤추는 소리를 듣고 ²⁶ 한 종을 불러 이 무슨 일인가 물은대 ²⁷ 대답하되 당신의 동생이 돌아왔으매 당신의 아버지가 건강한 그를 다시 맞아들이게 됨으로 인하여 살진 송아지를 잡았나이다 하니 ²⁸ 그가 노하여 들어가고자 하지 아니하거늘 아버지가 나와서 권한대 ²⁹ 아버지께 대답하여 이르되 내가 여러 해 아버지를 섬겨 명을 어김이 없거늘 내게는 염소 새끼라도 주어 나와 내 벗으로 즐기게 하신 일이 없더니 ³⁰ 아버지의 살림을 창녀들과 함께 삼켜 버린 이 아들이 돌아오매 이를 위하여 살진 송아지를 잡으셨나이다 ³¹ 아버지가 이르되 얘 너는 항상 나와 함께 있으니 내 것이 다 네 것이로되 ³² 이 네 동생은 죽었다가 살아났으며 내가 잃었다가 얻었기로 우리가 즐거워하고 기뻐하는 것이 마땅하다 하니라

은혜를 모르는 율법

하나님이 내신 율법은 선하고, 그 율법을 내신 하나님도 의로우십니다. 이처럼 율법 자체에는 문제가 없지만, 그 율법을 내신 하나님의 마음을 모른 채 율법을 지키려는 것에서 문제가 발생합니다. 특히 율법주의자들이 죄인을 대하는 관점은 하나님의 마음과는 너무 달랐습니다.

예수님께서 본문의 비유를 말씀하시게 된 동기는 누가복음 15장 1-2절에 나옵니다. 그 때 모든 세리와 죄인들이 말씀을 들으러 예수님께 가까이 나왔습니다. 이것을 본 서기관과 바리새인들이 예수님께서 죄인들을 영접하고 그들과 함께 식사를 하시는 것에 대해 수군거렸습니다. 그들이 가지고 있던 율법의 관점으로는 예수님께서 죄인들을 가까이 하는 것을 이해할 수 없었기 때문입니다. 바리새인들에게 죄인들은 그저 정죄받고 심판 받아야 할 대상이었습니다.

하지만 예수님은 죄인을 긍휼히 여기시고, 그들의 죄를 용서하시며, 그 영혼을 구원받아야 할 대상으로 보셨습니다. 이것이 죄인을 향한 하나님의 마음입니다. 예수님은 바리새인과 서기관들에게 그들이 오해하고 있는 죄인에 대한 하나님의 마음을 바로 알려주시고자 여러 가지 비유로 설명하셨습니다.

예수님께서 말씀하신 잃어버린 한 마리 양의 비유와 잃어버린 한 드라크마의 비유 그리고 잃어버린 한 아들에 대한 비유는 모두 잃어버린 한 영혼을 귀히 여기시고 구원하시고자 하시는 하나님 아버지의 마음을 나타냅니다. 이러한 하나님의 마음을 모른 채 옳고 그름 자체만으로 사람을 대하는 그것이 율법주의자들의 약점입니다.

예수님은 그들에게 하나님 아버지 집을 떠났다가 다시 돌아온 둘째 아들의 비유를 통해 죄인을 향한 하나님의 마음을 알려주시고자 했습니다. 그래서 서기관과 바리새인들처럼 하나님의 말씀을 지킨다고 하면서도 실제로는 하나님의 마음과 반대로 사는 실수를 범하지 않기를 원하셨습니다. 하나님의 마음을 잘 알지 못할 때 우리의 신앙도 잘못됩니다. 하나님의 마음을 잘 아는 만큼 우리의 신앙이 더 하나님과 가까운 관계로 나가게 됩니다. 영생은 하나님과 그의 보내신 자를 아는 것이라고 했습니다. 하나님을 더 알아가는 그것이 바른 믿음을 갖게 하며, 바른 믿음만이 영원한 생명으로 인도합니다.

자기 죄를 회개하는 아들

어떤 사람에게 두 아들이 있었습니다. 그들의 아버지는 많은 품꾼을 거느린 큰 부자였습니다. 맏아들은 성실하고, 책임감이 강하며, 아버지에게 순종적이었으나 둘째 아들은 그와 반대였습니다.

예수님께서 말씀하시는 이 비유에 나오는 아버지는 하나님을, 첫째 아들은 서기관과 바리새인들을, 둘째 아들은 세리와 죄인들을 비유합니다. 예수님은 두 아들의 모습을 통해 율법으로 사는 사람과 하나님의 은혜로 사는 사람의 차이를 가르쳐주시고자 하십니다.

둘째 아들은 풍족한 아버지 집에서 아무 부족함이 없는 삶을 살았습니다. 그럼에도 불구하고 그는 아버지 집에서 사는 삶에 만족하지 못하고 감사하지 못했습니다. 그는 아버지 집을 떠나 자기가 하고 싶은 것을 하면서 자유롭게 살고자 했습니다. 그래서 아버지께 가서 자기에게 줄 분깃을 미리 달라고 했습니다. 유산은 아버지가 돌아가실 때 나누어 주는 것이 일반적입니다. 이런 뜻밖의 말을 들은 아버지는 너무 황당했을 것입니다. 이런 철없는 말을 하는 아들에게 여러 가지 권면으로 그의 뜻을 만류했을 것입니다. 아버지는 아들이 무슨 생각으로 그런 말을 하는지 또한 아들이 가는 길이 어떻게 될 것인지를 잘 알고 있습니다. 그럼에도 아들이 계속 요구하며 떼를 쓸 때 아버지는 아들의 요구를 들어주었습니다. 그래서 아버지는 두 아들에게 각각 살림을 나누어 주었습니다.

첫째 아들은 살림을 받고도 아버지 집에 그대로 살았지만 둘째 아들은 그 유산을 받은 지 며칠이 안 되어 재물을 다 모아 먼 나라로 갔습니다. 아버지와 형이 보이지 않는 먼 곳으로 간 것은 아무에게도 간섭받지 않고 자기 마음대로 자유롭게 살고자 했기 때문입니다. 그곳에서 아버지의 재산으로 자기가 하고 싶은 것을 마음껏 하면서 멋진 삶을 사는 것을 기대했을 것입니다. 그런 삶이 가장 멋있고 행복한 인생일 것이라는 환상을 가지고 있었을 것입니다.

그는 아버지로부터 받은 재물로 매일 자기가 원하는 것을 즐기면서 환상적인 삶을 살았을 것입니다. 그동안 하지 못했던 것을 마음껏 하면서 꿈같은 시간을 보내며 인생을 즐겼을 것입니다. 그가 원하는 모든 것을 하면서 마음껏 자기 욕망을 채웠을 것입니다. 그가 아버지 집을 떠나고 싶어했던 것은 육체의 정욕을 채우는 일이었습니다. 아버지 집에서는 그런 일을 할 수 없었기 때문에 아버지가 안 보이는 먼 나라로 간 것입니다. 그는 그 많은 돈을 매일 창녀들과 함께 죄를 짓는 데 탕진했습니다. 이런 삶을 즐기기 위해 아버지 집을 떠나고자 했던 것이기에 마음껏 육체가 원하는 삶을 살았습니다.

돈은 들어올 때는 기어 들어와도 나갈 때는 날아간다는 말이 있습니다. 돈을 벌기는 힘들어도 쓰는 것은 순식간입니다. 아무리 아버지에게 받은 재산이 많아도 매일 허랑방탕하게 살면서 재산을 허비할 때 그가 가진 돈이 순식간에 바닥이 났습니다. 그가 꿈꾸던 화려한 삶은 그렇게 오래 가지 않았습니다. 가진 돈이 떨어질 때 그의 꿈과 욕망도 거기서 끝났습니다.

그가 가진 돈이 다 떨어졌을 때 설상가상으로 그 나라에 큰 흉년이 들었습니다. 그로 인해 둘째 아들은 심히 궁핍하게 되었습니다. 이런 어려운 상황에서 흉년까지 드는 것은 우연이 아닙니다. 하나님께서 다스리시는 이 세상에 우연은 없습니다. 모든 것이 하나님의 계획과 주관대로 이루어지기 때문입니다. 그는 아버지를 떠나면 흉년 같은 어려움이 오게 될 것을 전혀 예상하지 못했습니다. 아버지를 떠나면 아버지의 모든 간섭에서 해방될 것이라는 그 한 가지만 생각했습니다. 그러나 아무리 아버지 집을 피해 이 땅 어디를 가든지 그곳에도 하나님이 계시며 하나님이 다스리는 곳입니다.

결국 둘째 아들은 심히 궁핍하여 굶어죽을 지경이 되었습니다. 자기 인생에 이런 일이 일어날 것은 꿈에도 생각하지 못했을 것입니다. 그는 호언장담하며 아버지를 떠났지만 돈이 없어진 이후의 삶을 전혀 생각하지 못했습니다. 육체적인 욕망을 채우게 된 그 이후의 삶이 어떻게 될 것인가에 대한 생각은 없었습니다. 자기가 원하는 삶 그 자체만 생각했을 뿐 그 결과를 생각하지 못했습니다.

그는 하나님을 믿는 유대인으로 자기 민족이 사는 나라를 떠나 하나님을 믿지 않는 이방인 나라에 살고 있었습니다. 유대인들은 이방인을 무시하여 개처럼 취급하며 상종조차 하지 않을 정도로 선민의식이 강했습니다. 그런 그가 자기가 하나님의 백성인 유대인이라는 정체성도 포기한 채 이방인의 나라에 와서 살고 있었습니다. 죄를 짓는 데는 하나님이 계시는 곳보다 하나님 없이 사는 이방 나라가 더 좋기 때문입니다. 그는 아버지 집에서 아버지를 섬기며 사는 것보다 이방인들이 하는 그런 세상 문화를 즐기며 사는 것이 더 좋아보였습니다.

그가 이방인이 사는 객지에서 굶어죽게 되었을 때 주위에 자기를 도와줄 사람이 아무도 없었습니다. 자기 주위에는 모두 유대인들이 미워하는 이방인들 밖에 없었습니다. 그는 할 수 없이 먹고 살기 위해 이방인의 도움을 의지할 수 밖에 없는 처지가 되었습니다. 결국 유대인으로서의 모든 자존심을 다 버린 채 이방인의 집에 들어가 그 밑에 붙어 살게 되었습니다.

유대인이 천대하고 무시하는 이방인 집에 붙어 산다는 것 자체가 그에게는 견딜 수 없는 굴욕적인 삶이었습니다. 더구나 그 집에서 하필 돼지 치는 일을 하게 되었습니다. 돼지는 율법에 부정한 동물로 정해져 있어 유대인은 돼지를 혐오하여 그것을 치지도 않고 먹지도 않습니다. 유대인이 돼지를 친다는 것은 가장 치욕적인 일이며, 자신이 돼지보다 못한 부정한 인생이 되는 것입니다. 그는 유대인으로서는 해서도 안 되고, 결코 하지 못할 일을 하며 비참한 삶을 살게 되었습니다. 배가 고파서 돼지가 먹는 쥐엄 열매라도 먹고자 했지만, 그것조차 주는 사람이 없었습니다. 극심한 흉년이라 그 조차도 귀했기 때문이었습니다. 아버지를 떠난 아들은 결국 돼지보다도 못한 비참한 인생이 되었습니다. 하나님의 백성인 유대인으로서는 이방인의 종이 되는 최악의 굴욕적인 상황에 놓였습니다. 아버지가 원하지 않는 삶을 살 때 결국 자신도 원하지 않는 최악의 인생을 살게 되었습니다.

우리 인생에 이러한 고난이 주어지는 데는 그만한 이유가 있습니다. 하나님은 이런 방법을 통해서라도 자신의 모습을 돌아볼 수 있는 기회를 주시고자 하십니다. 하나님의 말씀을 듣지 않는 사람에게는 고난을 통해서 하나님의 말씀을 들을 영적 귀를 열어 주십니다.

> **욥기 36:8**
> 혹시 그들이 족쇄에 매이거나 환난의 줄에 얽혔으면
>
> **욥기 36:9**
> 그들의 소행과 악행과 자신들의 교만한 행위를 알게 하시고
>
> **욥기 36:10**
> 그들의 귀를 열어 교훈을 듣게 하시며 명하여 죄악에서 돌이키게 하시나니

사람은 고난이 주어지면 저절로 하나님을 찾으며, 자기 죄를 생각하게 됩니다. 이런 고난을 통해서 그동안 높아지고 굳어진 자기 마음이 꺾어지고 낮아지기 때문입니다. 마음이 부하여 교만하면 하나님을 떠나게 되지만, 마음이 가난하여 겸손하게 될 때 스스로 하나님을

찾게 됩니다. 이것이 죄인을 돌이키시는 하나님의 방법입니다.

시편 119:71
고난 당한 것이 내게 유익이라 이로 말미암아 내가 주의 율례들을 배우게 되었
나이다

이 아들은 극한의 궁핍과 고통이 주어질 때 마음이 가난하고 낮아
지게 되었습니다. 그때 자신이 죄를 지었다는 것을 깨닫게 되었습니
다. 고난을 통해 아버지 집에 있었을 때가 얼마나 행복했던가를 돌아
보는 기회가 되었습니다. 이처럼 하나님은 육체의 고난을 통해 우리
의 마음을 낮추어 자기 죄를 깨닫고 그 죄에서 돌이키게 하십니다.

사람이 죄의 유혹을 받으면 분별력을 잃게 됩니다. 죄가 주는 탐욕
으로 인해 생각하는 것과 보는 눈이 왜곡되기 때문입니다. 그래서 하
나님의 말씀도 안 들리고, 다른 사람의 말도 듣지 않습니다. 오직 자
기 생각을 주장하려는 그 한 가지만 고집합니다. 그런 자신의 영적인
상태가 재앙의 원인이 됩니다. 그런 사람은 자기를 더 이상 의지할 수
없는 극한 상황이 되어야 자신을 돌아보게 됩니다. 실패를 통해 자신
의 실체를 인정하게 될 때 전에는 안 들리던 하나님의 말씀이 들리
고, 스쳐 지나가던 사람들이 하는 말이 귀하게 들립니다. 이것이 고난
을 통해 그동안 자신을 신뢰하던 것을 내려놓고 오직 하나님만 의지

하게 하시는 하나님의 방법입니다.

둘째 아들은 그런 상황에서 자신이 하늘과 아버지께 죄를 지었다는 것을 깨닫게 되었습니다. 누가 알려준 것이 아니라 하나님께서 그 아들의 영을 통해 깨닫게 해주신 것입니다. 그의 죄는 아버지의 집을 떠난 것이었습니다. 그가 아버지를 떠나는 그때부터 그의 삶은 죄의 길로 가게 되었습니다. 그가 자기 죄를 깨닫게 되었을 때 겸손히 자기 죄를 인정하게 되었습니다. 그래서 다시 아버지 집으로 돌아가서 자기 죄를 고백하고자 했습니다. 그리고 이제 아버지 집에 품꾼의 하나 같은 신분으로라도 아버지 집에서 살기로 결단했습니다.

이처럼 죄는 우리 생명의 주인되시며 우리를 사랑하시는 하나님 아버지를 떠나는 것입니다. 그 죄를 해결하는 방법은 그 죄를 회개하는 것입니다. 회개는 자기 죄를 인정하고 다시 아버지께로 돌아가는 것입니다. 죄를 짓는 것은 하나님 앞에 악하고 나쁜 것이지만, 반면 그 죄를 회개하는 것은 하나님 앞에 가장 값지고 아름다운 마음입니다. 죄를 짓는 것도 나쁘지만 그보다 더 나쁜 것은 그 죄를 회개하지 않는 것입니다.

둘째 아들이 비록 아버지께 죄를 지었지만 자기 죄를 인정하고 다시 돌아가기로 결단하는 것은 그 죄를 용서받을만한 귀한 마음입니다. 그는 아버지에게 자기는 더 이상 아들 될 권리도, 자격도 없다고 여기고 품꾼의 자세로 돌아가고자 했습니다. 죄인에게는 어떤 변명거리나 자기를 주장할 것이 없기 때문입니다. 이것이 회개하는 죄인의 모습입니다.

죄를 회개한다고 말하면서도 여전히 자기 할 말이 있고, 자기 권리를 주장하는 것은 아직 깊은 회개가 되지 않은 것입니다. 죄와 함께 자기 의가 십자가에 죽지 않았기 때문입니다. 회개하는 사람은 자기가 죽어야 마땅한 자인 것을 깨닫고 자기 의와 주장을 십자가에 못박고 예수님과 함께 죽은 자입니다.

회개한 아들에 대한 반응

둘째 아들은 자기 죄를 회개하고 아버지 집으로 다시 돌아옵니다. 이 때 둘째 아들을 대하는 아버지와 그의 형인 맏아들의 반응은 전혀 달랐습니다. 이것은 죄인을 대하는 은혜와 율법의 차이를 나타내고 있습니다.

아버지의 반응

둘째 아들은 초라한 모습으로 아버지께로 돌아가고 있었습니다. 그동안 궁핍한 중에 돼지를 치는 막노동을 하면서 제대로 먹지도 못한 상태였습니다. 그의 얼굴이나 옷차림이 매우 초라하고 남루한 모습이었을 것입니다. 그의 겉모습 뿐 아니라 그 마음 또한 편치 않았을 것입니다. 모든 재산을 탕진하고 죄만 지은 채 초라한 모습으로 아버지께로 돌아가는 그의 마음이 너무 부끄럽고 괴로웠을 것입니다. 또한편 아버지의 마음을 아프게 한 것에 대한 미안함과 그 아버지로부터 받을 처벌에 대한 두려움으로 마음이 무거웠을 것입니다.

　동네 어귀에 들어서면서 그 아들의 마음은 점점 더 긴장되고 두려웠을 것입니다. 그때 멀리서 아버지가 그를 보고 달려오는 것이 보였습니다. 다른 사람들은 너무 초라하게 변해버린 아들을 아무도 몰라보았을 것입니다. 그럼에도 아버지만은 멀리서부터 금방 아들을 알아보았습니다. 아버지는 매일 아들이 돌아올 것을 기다리고 있었기 때문입니다. 아들이 오는 것을 보자마자 아버지는 아들을 향해 달려갔습니다. 아들의 마음은 심히 불안했을 것입니다. 혹시 아버지께서 자기에게 불같이 화를 내시면서 책망하지 않으실지, 그리고 당장 나가라고 쫓아내지는 않을지 많은 생각을 하게 되었을 것입니다. 그런데 아버지가 반가운 얼굴로 달려오자마자 아들의 목을 안고 입을 맞추었습니다. 그 아들을 미워하는 얼굴이 아니라 너무 불쌍히 여기시며 사랑하는 표정으로 반가워하며 기쁘게 안아주셨습니다.

누가복음 15:20

이에 일어나서 아버지께로 돌아가니라 아직도 거리가 먼데 아버지가 그를 보고 측은히 여겨 달려가 목을 안고 입을 맞추니

아들은 자신을 책망하는 것이 아니라 자기를 안고 반갑게 입을 맞추는 예상치 못한 아버지의 반응에 놀랐을 것입니다. 지금까지 자기가 생각했던 아버지의 모습과 너무나 다른 모습이었기 때문입니다.

그가 알고 있었던 아버지는 항상 엄하시며, 무섭고, 자기 삶을 억압하고, 구속하는 분이었습니다. 잘못하면 심판하시고, 자기가 좋아하는 것을 하지 못하게 막는 나쁜 분으로 생각했습니다. 그래서 그가 할 수만 있으면 아버지를 피하고 싶어 떠난 것입니다. 그런데 의외로 아버지는 용서받을 수 없는 죄만 짓고 온 자신을 사랑스러운 얼굴로 달려오셔서 반갑게 맞아주셨습니다. 오히려 자신을 불쌍히 여기시며 눈물을 흘리며 자신에게 입을 맞추고 다시 돌아온 것에 대해 감격하시는 아버지의 모습을 보았습니다.

자신을 대하시는 이런 아버지의 모습을 보면서 그 아들은 많은 것을 깨달았을 것입니다. 자신이 그동안 아버지의 마음을 너무 모른 채 아버지를 오해했었다는 것을 마음 깊이 깨달았을 것입니다. 그리고 아버지가 자신을 얼마나 사랑하고 계시는지를 깨닫고 뜨거운 눈물을 흘렸을 것입니다.

그는 지금까지 아버지는 집에서 자기보다 착하고 성실하게 아버지를 섬기는 큰 아들만 사랑하고 자기는 미워하시는 줄로 생각했을 것입니다. 그래서 집에서 아버지의 인정을 받지 못하는 자신의 열등감으로 그 아버지를 떠나고자 했을 것입니다. 그가 진작 아버지가 이런 분일 줄 알았더라면 집을 나가지도 않았을 것입니다.

아들은 그 아버지의 사랑 앞에 자기 죄를 고백했습니다. 그리고 지금부터는 아버지의 아들이 될 자격이 없으니 품꾼의 하나로 삼아달라고 말했습니다. 자신의 죄에 대해 어떤 변명도 하지 않고 자신이 한 모든 죄를 인정하고 자기의 모든 권리를 포기했습니다. 자신은 죄인이기에 아무 것도 주장할 것이 없었기 때문입니다. 아버지는 자신의 죄를 인정하고 회개하는 아들의 고백을 들었을 때 그 마음에 감격과 기쁨이 넘쳤을 것입니다. 자기 죄를 회개하는 아들의 모습이 너무 귀하고 사랑스러웠기 때문이었을 것입니다.

아들이 회개하고 돌아온 그 기쁨을 참지 못한 아버지는 종들에게 그 아들을 위해 제일 좋은 옷을 내어다가 입히고, 손에 가락지를 끼우고, 발에 신을 신기라고 말씀했습니다. 아들은 자신은 죄를 지어 아들 될 자격도 없다고 고백했지만, 아버지는 오히려 회개한 아들에게 아들의 자격을 인정해 주었습니다. 그리고 그의 모든 권리와 신분을 다 회복시켜 주었습니다. 자기 죄를 회개한 이 아들이야말로 참 아들된 자격이 있기 때문입니다.

이 아들은 자기 죄로 인해 비록 많은 값 지불을 했지만 아버지로부터 죄 사함과 용서의 은혜를 받게 되었습니다. 이전보다 더 귀한 아들의 대우를 받게 되었습니다. 이것이 자기 죄를 회개한 죄인에게 베푸시는 아버지의 용서와 사랑입니다. 아들은 자기 죄를 회개하는 것을 통해 오히려 죄인을 용서하시고 사랑하시는 아버지의 진정한 마음을 알게 되었을 것입니다. 아버지는 회개하고 돌아온 그 아들로 인해 너무 기뻐서 살진 송아지를 잡아 큰 잔치를 준비하게 했습니다. 아버지의 마음은 그 아들이 죽었다 다시 살아온 것과 같고, 잃었다 다시 얻은 것처럼 기뻤기 때문입니다. 그 기쁨을 이웃과 나누기 위해 큰 잔치를 베풀었고 이로 인해 온 동네 사람들이 다 기뻐했습니다. 둘째 아들은 죄만 짓고 돌아왔는데 도리어 분에 넘치는 아버지의 축복을 받았습니다. 이것이 회개하는 죄인에게 베푸시는 하나님의 은혜입니다.

누가복음 15:7

내가 너희에게 이르노니 이와 같이 죄인 한 사람이 회개하면 하늘에서는 회개할 것 없는 의인 아흔아홉으로 말미암아 기뻐하는 것보다 더하리라

하나님이 하늘에서 가장 기뻐하시는 것은 죄인이 자기 죄를 회개하고 하나님께 돌아오는 것입니다. 하나님의 상한 마음은 잃어버린 죄인에게 있습니다. 양을 치는 목자는 실제 길 잃은 양 한 마리를 위해 길을 잃지 않은 양 99마리를 길에 둔 채, 잃어버린 그 한 마리를 찾도록 찾습니다. 이것이 하나님의 마음입니다. 하나님은 죄인 한 사람이 자기 죄를 회개하고 돌아오면, 회개할 것이 없는 의인 99명으로 인해 기뻐하는 것보다 더 기뻐하십니다. 예수님은 의인을 위해 오신

것이 아니라 죄인을 위해 오신 참 구원자이십니다.

그럼에도 회개할 것이 없다고 생각하는 99명의 의인들은 자기를 스스로 의롭게 여깁니다. 그로 인해 회개로 인해 주어지는 주님의 용서와 사랑을 알지 못합니다. 그들은 죄인에 대한 하나님의 마음을 알지 못함으로 다른 사람의 죄를 용서하고 사랑하는 것을 하지 못합니다.

반면 죄인은 비록 죄만 지었지만, 99명의 의인이 도저히 알 수 없는 놀라운 비밀을 가지고 있습니다. 그것은 자기 죄에 대한 회개와 용서의 은혜가 무엇인지를 아는 것입니다. 하나님의 은혜를 알기 전에는 하나님은 죄만 짓는 세리, 창기들은 멸시하시고, 말 잘 듣는 의인들만 사랑하고 칭찬하실 것이라고 생각합니다. 그러나 예수님이 오셨을 때 죄 없다고 하는 의인들보다 오히려 죄인들이 자신들을 받아주시고 죄를 용서해 주시는 예수님의 사랑을 먼저 받았습니다.

하늘에서 의인 99명보다 죄인 한 명으로 인해 더 기뻐하는 이유는 죄인은 자기 죄를 깨닫고 인정하기 때문입니다. 자기 죄를 알고 깨닫는 사람만이 회개할 수 있습니다. 그리고 회개하는 사람은 아무리 큰 죄라도 용서를 받을 수 있습니다. 이 죄 사함의 은혜를 받은 사람만 하나님의 사랑과 용서의 은혜를 깊이 깨달을 수 있습니다.

하나님의 용서와 사랑을 받은 사람은 다른 죄인을 용서와 사랑으로 깊이 도울 수 있습니다. 이렇게 회개와 죄 사함의 은혜를 아는 사람이 하나님 나라를 위해 살 수 있는 일꾼이 될 수 있습니다.

하나님은 자기 아들을 십자가에 희생하기까지 잃어버린 한 영혼을 구원하고자 하십니다. 하나님의 마음은 자기 죄를 알지 못하는 99명의 의인이 아니라 자기 죄를 회개하는 한 명의 죄인에게 있습니다. 이러한 하나님의 마음을 알기 위해서는 자신이 죄인인 것을 깨닫고 회개와 죄 사함을 경험해야 합니다.

죄 사함의 은혜를 모르는 99명의 의인인 율법주의자들은 죄인을 정죄하고 심판하는 일밖에 할 수 없습니다. 그들은 하나님의 마음을 알지 못함으로 하나님의 일을 할 수도 없습니다. 하나님 나라에는 자기 죄를 회개함으로 죄 사함의 은혜가 무엇인지 아는 일꾼이 필요합니다. 이것이 하나님께서 자기 죄도 모르고, 회개가 무엇인지도 모르는 의인 99명 보다 회개와 죄 사함을 아는 그 한 사람을 더 기뻐하시는 이유입니다.

맏아들의 반응

누가복음 15:25
맏아들은 밭에 있다가 돌아와 집에 가까이 왔을 때에 풍악과 춤추는 소리를 듣고
누가복음 15:26
한 종을 불러 이 무슨 일인가 물은대

누가복음 15:27

대답하되 당신의 동생이 돌아왔으매 당신의 아버지가 건강한 그를 다시 맞아들이게 됨으로 인하여 살진 송아지를 잡았나이다 하니

누가복음 15:28

그가 노하여 들어가고자 하지 아니하거늘 아버지가 나와서 권한대

누가복음 15:29

아버지께 대답하여 이르되 내가 여러 해 아버지를 섬겨 명을 어김이 없거늘 내게는 염소 새끼라도 주어 나와 내 벗으로 즐기게 하신 일이 없더니

누가복음 15:30

아버지의 살림을 창녀들과 함께 삼켜 버린 이 아들이 돌아오매 이를 위하여 살진 송아지를 잡으셨나이다

누가복음 15:31

아버지가 이르되 얘 너는 항상 나와 함께 있으니 내 것이 다 네 것이로되

누가복음 15:32

이 네 동생은 죽었다가 살아났으며 내가 잃었다가 얻었기로 우리가 즐거워하고 기뻐하는 것이 마땅하다 하니라

맏아들은 아버지 집에서 아버지의 명령을 따라 성실하게 일했습니다. 동생이 돌아오는 날에도 그는 밭에서 일을 마친 후 집에 돌아오는 중이었습니다. 그가 집 가까이 왔을 때 풍악 소리와 춤추는 소리가 들려왔습니다. 무슨 일인지 한 종을 불러 묻자 집 나간 동생이 돌

아와 아버지가 살진 송아지를 잡아 잔치를 한다는 말을 듣게 되었습니다.

그 말을 들은 맏아들은 도저히 이해할 수 없어서 마음에 분노가 일어났습니다. 그는 화가 나서 도저히 집에 들어갈 수가 없었습니다. 큰 아들은 동생이 집을 나갔다 돌아온 것이 전혀 기쁘지 않았을 뿐 아니라 화가 났습니다. 아버지가 그것을 알고 집에서 나와 그에게 들어가자고 달랬습니다. 그때 맏아들은 그동안 아버지에게 자기 마음 속에 가지고 있었던 불만을 말했습니다. 먼저 자기는 아버지를 위해 여러 해 동안 섬기며 아버지의 명령을 다 지켰다고 했습니다. 둘째 아들은 자기가 아들 될 자격이 없다고 말한데 비해, 큰 아들은 자기가 아들 될 자격이 있다고 말했습니다.

여기서 큰 아들이 섬겼다라고 말한 단어는 종이라는 의미입니다. 맏아들은 아버지와 아들과의 관계로 아버지를 섬긴 것이 아니라 주인과 종의 관계로 아버지를 섬긴 것입니다. 그는 주인을 위해 종처럼 일해준 것이지 아버지 집을 위해 아들로서 일한 것이 아닙니다. 아들은 아버지 집의 모든 것이 곧 자기 것이 되지만 종은 다릅니다.

그는 명령을 지키지 못하면 벌 받을 것을 두려워하는 종처럼 아버지께 복종했습니다. 그는 아버지와 아들과의 인격적인 관계에서 하는 순종이 아니라 종이 주인을 두려워해서 하는 의무적인 순종을 했습니다.

큰 아들은 아버지를 사랑하고, 아버지가 좋아서 아버지를 위해 일하는 것이 아닙니다. 그랬다면 아버지에 대해 감사하는 마음으로 기쁘게 아버지를 섬겼을 것입니다. 그러나 그는 주인의 심판이 두려워 마지못해 순종하는 종의 마음으로 아버지를 섬겼습니다. 이렇듯 종으로 아버지를 섬겼기에 아들의 마음 속에는 불만이 쌓여갔을 것입니다.

그동안 그의 마음 속에 쌓여온 불만은 둘째 아들이 돌아오는 사건을 통해 드러나게 되었습니다. 맏아들은 아버지께서 자신에게는 친구들과 함께 즐기라고 염소 새끼 한 마리도 주신 일이 없었는데, 재산을 창녀들과 함께 탕진한 동생을 위해 송아지를 잡으셨다고 불만을 토로했습니다. 그가 지금까지 아버지를 위해 한 모든 것이 자기 의가 되어 있었습니다. 그래서 아버지가 그에 합당한 대우를 해주지 않은 것에 대해 피해의식을 가졌습니다. 그는 아버지로부터 받은 것은 생각하지 않고 자기가 아버지를 위해 해주는 것만 생각했기에 억울하고 화가 났을 것입니다. 그러면 자신이 아버지의 마음을 아프게 한 것이 무엇인지를 알지 못합니다.

맏아들이 쏟아내는 분노와 불평 앞에 아버지는 그 아들에게 "너는 항상 나와 함께 있으니 내 것이 다 네 것이다"라고 말했습니다.

누가복음 15:31
아버지가 이르되 얘 너는 항상 나와 함께 있으니 내 것이 다 네 것이로되 아버지는 계속 맏아들을 종으로 대하지 않고 아들로 생각하며 대했습니다. 아버지의 것이 다 아들의 것이 되는 것이 당연하다고 생각했습니다. 그러나 아들은 아버지 것이 자기 것이라고 생각하지 않았습니다. 그는 아버지 집에서 종처럼 일했기 때문입니다. 그렇기에 아버지 집에 있으면서도 아버지의 부요한 재산을 자기 것으로 누리지 못했습니다. 아버지는 그를 아들로 생각했지만, 정작 아들은 자신을 종으로 생각했습니다. 아버지는 아들을 사랑으로 대하는데 그 아들은 아버지를 사랑으로 대하기보다 무서운 주인으로 대했습니다.

그날 자기는 하루 종일 종처럼 힘든 일을 하고 돌아오는데 그 아버지가 일도 하지 않고 재산만 탕진한 둘째 아들을 기뻐하며 잔치를 하는 사건을 만나게 되었습니다. 아버지뿐만 아니라 모든 사람들은 자기 죄를 회개하고 돌아온 둘째 아들로 인해 기뻐서 춤을 추고 즐거워했습니다. 동네 사람들은 밤낮으로 아들을 걱정하며 기다리며 마음 고생을 한 아버지에게 축하의 인사를 건네며 함께 기뻐했을 것입니다.

오직 맏아들만 잔치에서 기뻐하지 못했습니다. 그는 그런 아버지의 행사를 도저히 이해할 수 없었기 때문입니다. 모두가 기뻐하는 잔치에 그는 오히려 분이 가득한 마음으로 아버지에게 화를 내며 괴로워했습니다. 자기와 같이 아버지 집을 위해 충성하지도 않고, 아버지 재산을 탕진하며 죄만 짓다 온 동생을 도저히 용서할 수 없었기 때문입니다. 그의 눈에는 아버지가 하는 일이 너무 부당하고 불공평해 보였습니다. 동생만 용서가 안 되는 것뿐만이 아니라 아버지가 하시는 일은 더 이해가 안 되었습니다. 이런 맏아들로 인해 흥겨운 잔치 분위기는 찬물을 끼얹은 듯 썰렁해졌을 것입니다. 큰 아들은 아버지가 사랑으로 용서하고 축복하는 자기 동생을 미워하고 정죄했습니다.

그동안 아버지는 매사에 이런 큰 아들로 인해 많은 마음고생을 했을 것입니다. 어쩌면 집을 나간 둘째 아들보다 이런 큰 아들로 인해 아버지는 더 큰 걱정을 했을 것입니다. 늘 아버지 곁에 가까이 있으면서 아버지의 마음과는 다른 생각을 가지고 있었기 때문입니다. 큰 아들은 아버지의 마음을 모른 채 자기 나름대로 일만 열심히 한 그것이 자기 의가 되었습니다. 아버지 마음을 기쁘시게 하는 것이 아니라 자기 자신을 기쁘게 하기 위해 아버지를 섬기려고 했습니다. 아버지와의 관계성을 가지지 못한 채 아버지에게 심판받지 않기 위해 종처럼 일했던 것입니다.

아버지를 위해 나름대로 충성되고, 열심히 살았기 때문에 오히려 자기 죄를 알지 못했습니다. 자기 죄를 알지 못함으로 회개와 죄 사함의 은혜도 알지 못했습니다. 이로 인해 죄인을 사랑하시는 아버지의 사랑과 죄 사함의 은혜도 알지 못했습니다. 그래서 다른 사람의 죄와 허물을 용서할 수도 없었습니다. 그러한 자신이 아버지의 마음을 얼마나 아프게 하는지조차 알지 못했습니다. 하나님을 위해 열심히 일한다고 하지만 자신이 하나님 아버지의 마음을 얼마나 아프게 하는

지를 알지 못했습니다. 이것이 율법적으로 하나님을 섬기려고 하는 사람의 문제입니다.

죄인을 보는 관점의 차이

아버지와 맏아들 간에 문제는 둘째 아들을 대하는 관점의 차이에서 발생합니다. 이 관점의 차이가 율법과 은혜의 차이입니다.

누가복음 15:32

이 네 동생은 죽었다가 살아났으며 내가 잃었다가 얻었기로 우리가 즐거워하고 기뻐하는 것이 마땅하다 하니라

아버지는 기뻐하지 못하고 분을 내고 있는 맏아들에게 지금 화를 낼 것이 아니라 오히려 즐거워하고 기뻐하는 것이 마땅하다고 했습니다. 아버지에게 둘째 아들은 죽었다가 살아났으며, 잃었다가 얻은 것과 같기 때문입니다. 아버지는 둘째 아들이 지은 죄보다 그 아들의 영혼 자체를 더 중요하게 여겼습니다. 회개하고 돌아온 그 아들의 영혼을 그가 낭비한 재물보다 더 값지게 여겼기 때문입니다.

이에 비해 맏아들은 자기 죄를 회개하고 돌아온 동생의 영혼보다 그가 지은 죄를 더 크게 여겼습니다. 그리고 다시 살아 돌아온 동생의 생명보다 그가 탕진한 재물을 더 중요하게 여겼습니다. 그렇기에 동생이 살아 돌아온 것이 기쁨이 되지 않았습니다. 맏아들은 동생이

탕진해버린 그 돈이 너무 아까울 뿐 아니라 그가 지은 죄를 용서할 수 없었습니다.

맏아들은 자기 동생이 죄에 빠져 재산을 창녀와 함께 탕진한 그 죄 문제에 매여 있었습니다. 그는 죄에 대한 용서를 모르기 때문에 그 문제를 해결할 수 없었습니다. 그래서 동생을 미워할 뿐 아니라 아버지에게까지 불만을 가지게 되었습니다.

이처럼 용서를 모르면 다른 사람의 죄 문제에 스스로 묶이게 됩니다. 용서를 모르는 남편과 아내는 서로의 오래된 죄 문제에 묶이게 되고, 부모와 자녀는 죄 문제로 원수 관계가 됩니다. 죄 문제는 세월이 지난다고 저절로 없어지지 않습니다. 용서를 모르는 사람은 다른 사람의 죄 문제에 매여 자기 스스로 그 죄의 종이 됩니다.

맏아들은 자기 동생을 용서하지 못할 뿐 아니라, 아버지가 동생의 죄를 용서하고 다시 모든 지위를 회복해 준 것을 오히려 불평하며 미워했습니다. 아버지가 동생에게 베푼 은혜가 너무나 불공평하고 부당하게 느껴졌기 때문입니다.

사실 둘째 아들이 탕진한 재산은 형의 것이 아니라 아버지 것입니다. 아버지는 자기가 준 재산을 탕진한 그 아들의 죄를 다 용서해 주었습니다. 그러나 형은 자기 재산이 아닌 아버지의 재산을 탕진한 동생이 용서가 되지 않았습니다. 이것이 죄 사함의 은혜를 모르는 율법주의의 문제입니다.

교회 안에서도 율법주의 신앙을 하는 사람은 이미 자기 죄를 회개하고 하나님의 용서를 받은 사람을 용서하지 못함으로 정죄하고 판단합니다. 그리고 하나님께서 죄를 회개한 사람에게 주는 죄 사함의 은혜에 대해 오히려 분노하며 대적합니다. 죄를 지을 수밖에 없는 한 영혼의 생명보다는 그가 지은 죄 자체를 더 중요시하기 때문입니다. 그런 사람은 예수님이 십자가에서 흘리신 피로 죄값을 담당해 주시고 의롭다 하신 사람을 정죄하는 죄를 짓습니다.

로마서 8:33

누가 능히 하나님께서 택하신 자들을 고발하리요 의롭다 하신 이는 하나님이시니

아무리 악한 죄를 지었어도 하나님께서 의롭다고 하시면 그는 의로운 사람입니다. 그런데 맏아들은 아버지가 용서해 준 동생을 정죄했습니다. 그는 아버지가 기뻐하는 것을 기뻐하지 못하고, 아버지가 중요하게 여기는 것을 중요하게 여기지 못했습니다. 아버지의 마음을 알지 못했기 때문입니다. 그로 인해 그는 비록 아버지 집에 있으면서 아버지를 위해 일을 하지만 아버지 마음을 기쁘시게 할 수는 없었습니다. 오히려 아버지가 하는 일마다 이해할 수 없어, 마음에 불평과 원망을 했을 것입니다. 아버지는 집에 있는 큰 아들로 인해 더 큰 마음고생을 했을 것입니다. 이처럼 율법주의는 하나님의 뜻에 복종할 수 없고 하나님을 기쁘시게 할 수도 없습니다.

로마서 8:7

육신의 생각은 하나님과 원수가 되나니 이는 하나님의 법에 굴복하지 아니할 뿐 아니라 할 수도 없음이라

로마서 8:8

육신에 있는 자들은 하나님을 기쁘시게 할 수 없느니라

하나님을 위한 일에 열심을 다하며 충성스러운 사람들이 있습니다. 그럼에도 그 얼굴이 밝지 않고 마음에 기쁨보다 불만이 많은 사람도 있습니다. 그들은 자기처럼 성실하게 열심히 하지 않는 사람들에 대한 판단하는 마음으로 괴로워합니다. 더구나 자기보다 못한 사람이 오히려 더 은혜를 받고 잘 되는 것을 부당하게 여기는 마음으로 인해 고통합니다. 죄를 짓고도 자기보다 더 인정받고 잘 되는 것에 대한 시기심과 불평하는 마음으로 인해 기쁨이 없습니다.

이들은 아직 하나님께서 죄인을 사랑하심으로 자기 아들을 십자가에 죽게 하신 이유를 알지 못하기 때문입니다. 하나님의 마음을 알지 못함으로 인해 하나님이 하시는 일을 오해하고 불평하게 됩니다.

로마서 5:8

우리가 아직 죄인 되었을 때에 그리스도께서 우리를 위하여 죽으심으로 하나님께서 우리에 대한 자기의 사랑을 확증하셨느니라

예수님은 하나님의 잃어버린 한 영혼을 찾기 위해 이 땅에 오셨습니다. 그리고 그 죄인을 위해 자기 생명을 주기까지 사랑하셨습니다. 그런데 율법주의자들은 하나님이 사랑하시고 구원하기 원하시는 죄인들을 배척하고 미워합니다. 율법주의의 문제는 죄인에 대한 잘못된 태도에 있습니다. 율법주의는 하나님의 마음을 모른 채 하나님의 율법을 지키려 합니다. 그래서 하나님이 사랑하시는 자를 미워하는 죄를 짓습니다.

우리는 죄인을 대하는 태도를 통해 그가 예수님의 은혜로 사는지 율법으로 사는지를 알 수 있습니다. 예수 그리스도의 죄 사함의 은혜를 받은 사람은 죄인을 긍휼히 여기고, 용서하며 사랑하는 마음이 있습니다. 반면 아무리 충성스럽게 많은 일을 하여도 죄 사함의 은혜가 없으면 다른 사람의 죄를 용서하지 못해 정죄할 수밖에 없습니다.

하나님이 용서해 준 사람을 사랑하지 못하고 정죄하는 것보다 비극적인 일은 없습니다. 하나님과 다른 관점을 갖고 이 세상을 살면 이 세상에는 정죄할 사람밖에 없습니다. 하지만 예수님의 용서를 받은 사람의 눈에는 이 세상에 사랑할 사람밖에 없습니다.

율법주의의 비극에서 벗어나려면 먼저 자기 죄를 회개함으로 예수 그리스도의 죄 사함의 은혜를 받아야 합니다. 자기 죄를 용서받은 사람은 다른 사람의 죄를 용서할 수 있기 때문입니다. 예수 그리스도의 십자가의 죄 사함이 없는 사람은 여전히 율법 아래 머물 수 밖에 없습니다. 예수님께서 이 땅에 오신 것은 율법의 저주에서 우리를 속량하시기 위해서 오셨습니다. 예수님은 십자가를 통해 율법 아래 있던 우리의 모든 죄로부터 우리를 자유케 하셨습니다. 우리는 예수 그리스도 안에서 하나님을 아버지로 섬기면서 율법에서 자유한 삶을 살 수 있게 되었습니다. 이것이 예수 그리스도로부터 주어진 하나님의 은혜입니다.

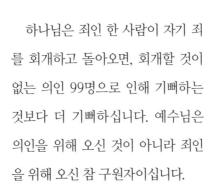

하나님은 죄인 한 사람이 자기 죄
를 회개하고 돌아오면, 회개할 것이
없는 의인 99명으로 인해 기뻐하는
것보다 더 기뻐하십니다. 예수님은
의인을 위해 오신 것이 아니라 죄인
을 위해 오신 참 구원자이십니다.

나누어 보기

1. 둘째 아들이 아버지를 떠나고자 했던 이유가 무엇이며, 그가 아버지를 떠나서 어떤 삶을 살았나요?

2. 아버지 집을 떠난 둘째 아들은 결국 어떤 상태가 되었나요?

3. 둘째 아들이 아버지 집으로 돌아오게 된 이유와 그 마음 자세가 어떠한가요?

4. 아버지가 돌아온 둘째 아들을 어떻게 대하는지 나누어 보세요.

5. 돌아온 둘째 아들에 대한 아버지와 큰 아들의 마음이 어떻게 다른지 나누어 보세요.

6. 죄인을 대하는 하나님의 마음과 율법주의의 차이에 대해 나누어 보세요.

로마서 12:1-2

¹ 그러므로 형제들아 내가 하나님의 모든 자비하심으로 너희를 권하노니 너희 몸을 하나님이 기뻐하시는 거룩한 산 제물로 드리라 이는 너희가 드릴 영적 예배니라 ² 너희는 이 세대를 본받지 말고 오직 마음을 새롭게 함으로 변화를 받아 하나님의 선하시고 기뻐하시고 온전하신 뜻이 무엇인지 분별하도록 하라

3
Chapter

은혜에 합당한 삶

자기 노력으로 부자가 될 가망이 없는 사람이 기대할 수 있는 한 가지는 일확천금을 노리는 것입니다. 그런 사람이 하는 방법 중에 하나가 복권을 구입하는 것입니다. 복권만 당첨되면 자기 인생의 모든 문제가 해결되고, 행복하게 살 수 있을 것이라고 생각합니다. 그러나 큰 금액의 복권에 당첨된 사람들의 삶이 오히려 복권 당첨 전보다 불행해지는 경우가 많다는 조사 결과도 있습니다.

복권에 당첨된 사람들은 대부분 갑자기 주어진 큰 돈을 관리하고 감당할 역량이 안 된 상태에서 그런 일을 만나기 때문입니다. 그래서 그 돈을 있는 대로 이곳저곳에 허랑 방탕하게 쓰다가 결국 그 많은 돈을 순식간에 탕진해 버린다고 합니다. 그와 더불어 그 돈 때문에 가까운 부모와 자녀, 형제와 친척, 친구와 이웃 간의 관계가 깨지는 경우도 많다고 합니다. 심지어 배우자와 이혼하고 혼자되어 처량하게 여생을 보내는 경우도 적지 않다고 합니다.

이런 일은 우리의 신앙생활에서도 비슷하게 일어납니다. 어느 날 갑자기 하나님의 큰 은혜와 엄청난 능력을 받는다고 자기 인생에 모든 것이 다 해결된 것은 아닙니다. 그 받은 은혜를 잘 관리하고, 하나님을 위해 선하게 사용할 능력이 없으면 오히려 더 어려운 상태가 될 수도 있습니다.

하나님의 은혜를 받기만 한 채 그것을 자기 육신의 기회로 사용하면 그로 인해 자기 영혼에 더 큰 어려움이 올 수도 있습니다. 하나님의 은혜는 받는 것도 중요하지만 받은 은혜를 잘 관리하고 하나님의 뜻대로 사용하는 것은 더 중요합니다.

예로부터 호사다마라는 말이 있듯이 하나님의 은혜가 있는 곳에는 사단의 방해가 있기 마련입니다. 마치 일확천금을 얻은 사람을 사기꾼과 강도와 도둑들이 노리는 것과 같습니다. 귀하게 얻은 것을 잘 지키지 못하면 이전보다 더 큰 고통과 화를 당할 수 있습니다.

이스라엘 백성들은 하나님의 놀라운 은혜와 기적을 수없이 체험했지만 그 은혜에 합당한 삶을 살지 못했습니다. 그들은 자기 눈으로 직접 홍해가 갈라지는 것을 체험했으며, 물이 없는 광야에서는 반석에서 물이 나오는 것을 보았고, 자기들이 스스로 농사짓지 않았으나 40년 동안 하늘에서 만나와 메추라기를 거저 주시는 하나님의 기적적인 은혜를 받았습니다. 하지만 그것을 당연시하며 받아 누리기만 했던 그들은 결국 3일을 못 가서 원망과 불평으로 하나님을 대적했습니다.

그들은 가나안 땅에 들어갈 수 있는 은혜를 받았지만, 끝까지 그 은혜를 유지하지 못했습니다. 결국 여호수아와 갈렙 외에는 단 한 사람도 가나안 땅에 들어가지 못한 채 40년 동안 광야에서 고생만 하다 죽는 불행한 운명이 되었습니다. 하나님의 은혜는 하나님을 위해 살게 하기 위해 주신 것입니다. 그러므로 하나님의 은혜로 자기 육신만 누리는 삶을 살려고 한다면 그 은혜는 소멸되어 불평과 원망의 삶으로 마치게 됩니다.

하나님이 은혜를 주시는 이유는 하나님의 은혜 없이는 아무도 하나님 앞에 온전히 살 수 없기 때문입니다. 하나님께서 은혜를 주시는 목적은 하나님의 사명을 감당하기 위함입니다. 하나님의 사명은 하나님의 은혜 없이 우리 힘으로는 감당할 수 없기 때문입니다. 그러나 하나님의 은혜를 받은 후에도 하나님의 사명과 상관없이 이전과 똑같이 산다면 그 사람에게 더 이상 그 은혜는 필요 없는 것입니다. 그에게 더 이상 필요하지 않은 은혜는 자연히 소멸되어 사라집니다. 그래서 성경은 우리에게 하나님의 은혜를 헛되이 받지 말고 은혜에 합당한 삶을 살라고 권면합니다.

고린도후서 6:1

우리가 하나님과 함께 일하는 자로서 너희를 권하노니 하나님의 은혜를 헛되이 받지 말라 하나님이 각 사람에게 맡겨주신 사명을 이루는 그것이 결국 장차 우리가 받을 하늘의 상급이 됩니다. 우리가 받은 은혜를 통해 사명을 감당하는 만큼 하나님께서 놀라운 상으로 갚아주십니다. 하나님의 사명을 위해 살지 않는 사람은 하나님의 은혜를 자기 육신을 위해 누리는 수단으로 사용하게 됩니다. 그런 사람은 자기 영혼에 아무 유익도 없을 뿐더러 장차 하나님 앞에 받을 상급도 없습니다. 하나님의 은혜를 헛되이 받기 때문입니다.

하나님이 주시는 은혜는 하나님 나라를 위해 살기 위한 마중물과도 같습니다. 하나님은 우리에게 주신 은혜를 통해 우리가 더 풍성한 하나님 나라를 위해 살 뿐 아니라 이를 통해 하늘의 큰 상급을 받기 원하십니다.

사도 바울이 받은 은혜를 끝까지 지킬 수 있었던 것은 그 은혜에 합당한 삶을 살았기 때문입니다. 또한 그러한 삶이 자신의 상급이 되었습니다.

디모데후서 4:7

나는 선한 싸움을 싸우고 나의 달려갈 길을 마치고 믿음을 지켰으니

디모데후서 4:8

이제 후로는 나를 위하여 의의 면류관이 예비되었으므로 주 곧 의로우신 재판장이 그 날에 내게 주실 것이며 내게만 아니라 주의 나타나심을 사모하는 모든 자에게도니라

디모데후서는 바울이 임종 직전에 기록한 서신입니다. 그가 마지막으로 쓴 편지에서 지금까지 하나님 앞에서 살아온 자신의 삶을 정리하는 말을 합니다. 그가 은혜를 받은 후 그 은혜에 합당한 삶으로 끝까지 선한 싸움을 싸웠다고 고백했습니다. 그리고 자신이 믿음의 경주를 하면서 달려갈 길을 끝까지 마쳤다고 했습니다. 그는 하나님이 주신 사명을 마치고 이제 후로는 자신을 위한 의의 면류관이 예비되어 있다고 확신했습니다.

하나님의 은혜 없이 자기 힘으로 하나님의 사명을 감당하려고 할 때 그 사명은 무거운 짐이 됩니다. 그러나 하나님의 은혜가 주어지면 그 사명이 우리 삶에 활력과 기쁨을 주는 능력이 됩니다. 그래서 바울은 죄인 중 괴수인 자신에게 주어진 그 은혜가 너무 감사하여 다른 사람들이 보기에 미쳤다고 할 정도로 하나님의 사명을 위해 열정적인 삶을 살 수 있었습니다.

고린도후서 5:13

우리가 만일 미쳤어도 하나님을 위한 것이요 정신이 온전하여도 너희를 위한 것이니

고린도후서 5:14

그리스도의 사랑이 우리를 강권하시는도다 우리가 생각하건대 한 사람이 모든 사람을 대신하여 죽었은즉 모든 사람이 죽은 것이라

진정한 은혜에는 그 은혜를 주신 하나님을 향한 뜨거운 사랑과 열정이 주어집니다. 그 열정은 의무적인 두려움으로 하는 것이 아니라 그리스도의 사랑이 강권하는 마음에서 나오는 자발적인 헌신입니다. 억만금의 돈으로도 살 수 없는 죄 사함의 은혜를 받은 사람에게는 자기 목숨까지 드리고자 하는 강권적인 주님의 사랑이 부어지기 때문입니다. 바울은 그 은혜가 너무 감사해서 자기 목숨까지도 아까워하지 않는 헌신으로 주님을 섬길 수 있었습니다.

사도행전 20:24
내가 달려갈 길과 주 예수께 받은 사명 곧 하나님의 은혜의 복음을 증언하는 일을 마치려 함에는 나의 생명조차 조금도 귀한 것으로 여기지 아니하노라

인간적인 열심과 신념으로 주님을 섬기고자 하는 사람에게는 자기 목숨까지 바치는 헌신을 하는 것은 쉽지 않습니다. 이것은 오직 십자가의 은혜를 받은 사람의 마음속에 부어지는 주님에 대한 사랑의 강권하심으로만 가능합니다.

바울은 자기가 죄인 중의 괴수라고 고백합니다. 바울에게는 세월이 지나도 자기 안에 오래 전에 받은 십자가의 은혜가 생생하게 살아 있었습니다. 그러한 주님의 은혜가 바울로 하여금 주님을 위해 헌신하는 삶을 살게 했습니다. 바울 역시도 이전의 율법에서 나오는 열심과 헌신으로는 그런 삶을 살 수 없습니다.

이와 같이 하나님의 은혜는 우리를 나태하거나 방종하게 하는 것이 아니라 이전보다 더 뜨거운 열정으로 하나님을 위해 헌신하는 삶을 살게 합니다. 또한 이렇게 받은 은혜에 합당한 삶을 살 때 그 은혜가 더 강하게 역사합니다.

물론 은혜 없이 율법으로도 하나님의 사명을 감당하려고 노력할 수 있습니다. 그러나 하나님의 은혜로 하나님을 섬기는 것은 그 동기와 방법이 다릅니다. 은혜가 주어지기 전에는 문자적인 의무감에서 자기 노력으로 그 사명을 감당합니다. 그래서 하나님의 사명이 기쁨이나 은혜를 주기보다는 무거운 짐이 됩니다.

은혜는 자기 노력이 아니라 성령이 주시는 소원을 따라 자원함으로 하게 합니다. 주님이 십자가에서 이루신 그 능력을 의지하는 믿음으로 하기에 짐이 아니라 감사와 기쁨으로 합니다.

바울은 율법과 은혜, 이 두 가지를 모두 경험한 사람입니다. 그런 바울은 로마서 8장에서 예수 그리스도 안에서 우리가 율법의 정죄에서 벗어나 자유하게 되었다고 선포합니다. 그리고 12장부터 십자가의 은혜로 율법에서 자유함을 받은 사람들이 어떻게 살아야 하는지에 대해 설명합니다. 12장 1절의 '그러므로'는 바로 '이러 이러 해서, 너희가 율법의 저주에서 풀려났으니 그러므로 은혜 받은 너희는 앞으로 이렇게 살라'는 의미를 가지고 있습니다.

우리도 바울처럼 하나님의 은혜에 합당한 삶을 살게 될 때 그 은혜로 끝까지 사명을 감당하면서 풍성한 은혜의 삶을 살 수 있게 될 것입니다.

산 제물로 드리라

바울은 율법의 저주에서 해방된 은혜를 받은 사람에게 이제는 자기 몸을 하나님이 기뻐하시는 거룩한 산 제물로 드리라고 권면합니다. 이것이 주님의 은혜를 받은 사람이 살아야 할 합당한 삶이기 때문입니다.

로마서 12:1

그러므로 형제들아 내가 하나님의 모든 자비하심으로 너희를 권하노니 너희 몸을 하나님이 기뻐하시는 거룩한 산 제물로 드리라 이는 너희가 드릴 영적 예배니라

예수님은 아무 죄 없으신 자신의 귀한 몸을 우리를 위해 십자가에 내어주셨습니다. 예수님의 희생은 그 어떤 것으로도 갚을 수 없는 영원한 생명을 주신 값진 은혜입니다. 이런 값진 은혜를 받은 사람의 마음에는 자신을 사랑하신 예수님을 위해 자기 인생을 드리고자 하는 강한 소원이 주어집니다. 성령께서 은혜받은 사람의 마음에 하나님이 기뻐하시는 뜻을 새겨주시기 때문입니다. 이런 강한 소원함이 들어올 때, 그 소원을 따라 행하는 것이 자기 몸을 거룩한 산 제물로 드

리는 것입니다.

율법 시대에는 자기 몸을 대신해서 짐승을 제물로 제사를 드렸습니다. 죄를 지으면 자신이 죽어야 하지만 자기 대신 짐승을 죽게 해서 드리는 것이 율법 시대의 제사 의미입니다. 그런데 이제 새 언약 아래에서는 더 이상 짐승의 피로 제사를 드리지 않습니다. 예수 그리스도께서 친히 자신의 몸으로 우리 죄를 위한 산 제물이 되셨기 때문입니다. 예수님은 십자가에서 우리 죄를 위해 대신 피를 흘리심으로 우리가 드려야 될 모든 피의 제사를 단번에 이루셨습니다.

이 은혜를 받은 사람은 더 이상 자기 몸을 자기 것이라 주장할 수 없습니다. 예수님이 피 값으로 사신 바 되셨기 때문에 우리 몸은 이제 자신의 것이 아니라 주님의 것이 되었습니다. 우리 몸이 주님의 것이기 때문에 우리 몸을 주님의 뜻대로 하나님이 기뻐하시는 제물로 드리라고 합니다. 예수님께서 우리 대신 자기 몸을 드리셨으니 우리도 그 은혜에 감사하여 주님께 우리 몸을 드리는 것이 마땅하기 때문입니다.

이처럼 우리는 예수님의 피의 언약으로 말미암아 짐승을 잡아 드리는 구약의 제사를 그치고, 성령이 주시는 소원을 따라 자기 몸을 드리는 영적인 예배자가 되었습니다. 영적 예배에 대해 바울은 다음과 같이 좀 더 자세히 설명합니다.

로마서 6:13

또한 너희 지체를 불의의 무기로 죄에게 내주지 말고 오직 너희 자신을 죽은 자
가운데서 다시 살아난 자 같이 하나님께 드리며 너희 지체를 의의 무기로 하나
님께 드리라

로마서 6:14

죄가 너희를 주장하지 못하리니 이는 너희가 법 아래에 있지 아니하고 은혜 아
래에 있음이라

우리는 날마다 자기 몸을 어디에 드릴 것인가 하는 선택의 갈림길
을 만나게 됩니다. 한 쪽 길은 자기 몸을 죄에게 내어주어 불의의 무
기가 되는 것이며, 또 다른 길은 자기 몸을 하나님께 드려서 의의 무
기로 사용되게 하는 것입니다. 선택은 자유롭게 할 수 있지만 무엇을
선택하느냐에 따라 그에 대한 책임은 자신이 지게 되며 그것으로 자
기 인생의 운명이 결정됩니다.

성경은 이 문제에 대해 우리 몸을 불의의 무기로 죄에게 내주지 말
고, 너희 지체를 의의 무기로 하나님께 드리라고 말씀합니다. 이것이
하나님께서 우리에게 은혜를 주신 이유이기 때문입니다.

우리가 알아야 할 것은 죄는 결코 은혜 아래 있는 사람을 주장하
지 못한다는 사실입니다. 우리는 십자가의 은혜로 죄에 끌려다니며
불의의 무기가 되었던 옛 삶에서 벗어나게 되었습니다. 그 은혜 아래
있는 사람은 이제 자기 삶을 의의 무기로 하나님께 드려야 합니다. 이

것이 우리 몸을 하나님이 기뻐하시는 거룩한 산 제물로 드리는 것입니다.

바울은 과거 율법에 매여, 자기 몸을 죄에게 내어주며 주님을 핍박하는 불의의 무기로 살았습니다. 그 때의 삶을 바울은 스스로를 죄인 중의 괴수라고 말했으며 그 때 그의 몸은 사단이 부리는 죄의 도구로 사용되었습니다. 그러던 그가 주님의 은혜를 받은 후 자신을 하나님께 산 제물로 드리는 의의 병기로 살게 된 그 은혜를 감사하고 있습니다.

고린도전서 15:10

그러나 내가 나 된 것은 하나님의 은혜로 된 것이니 내게 주신 그의 은혜가 헛되지 아니하여 내가 모든 사도보다 더 많이 수고하였으나 내가 한 것이 아니요 오직 나와 함께 하신 하나님의 은혜로라

바울은 자신이 모든 사도들보다 더 많이 수고했지만 그 모든 것이 자기가 한 것이 아니라 오직 그와 함께 하신 하나님의 은혜라고 고백합니다. 그가 한 수고는 먹지 못하고, 잠자지 못하고, 전도 여행 중에 강도와 맹수의 위험을 당하며, 많은 매를 맞고 감옥에 갇히는 등의 엄청난 고난이었습니다. 그럼에도 불구하고 그는 하나님의 은혜로 그런 삶을 살 수 있었다고 고백합니다. 이처럼 바울도 하나님의 은혜가 그로 하여금 하나님을 위한 삶을 살 수 있게 했습니다.

바울 뿐 아니라 다른 사도들도 모두 하나님의 은혜로 살았습니다. 그들은 값없이 은혜를 받았고, 그 은혜로 자기 몸을 산 제물로 드리며 순교하기도 했습니다. 그들은 하나님의 은혜를 받았기 때문에 그 은혜에 합당한 삶을 살며 순교할 수도 있었습니다. 하나님의 은혜 없이 자기 힘과 노력으로 자기 몸을 산 제물로 드리는 것은 어렵습니다. 율법의 지식으로는 결코 은혜가 하는 차원의 삶을 살아낼 수 없기 때문입니다.

아브라함은 율법이 있기 전 하나님의 은혜로 살았습니다. 그는 자기 힘으로는 자식을 가질 수 없었으나 하나님의 은혜로 100세에 아들을 얻었습니다. 그런 은혜를 받은 후 하나님께서 그 아들을 하나님께 산 제물로 드리라고 했을 때 그는 기꺼이 순종할 수 있었습니다. 하나님으로부터 은혜로 받은 아들이기에 그 아들을 주신 하나님께 은혜로 드릴 수도 있었습니다. 율법에 의해 의무적으로 하려고 했다면 며칠을 고민하면서 괴로워했을 것입니다. 하지만 은혜로 하는 신앙은 아브라함으로 하여금 바로 다음날 아침 일찍 짐을 싸서 순종의 길을 떠나게 합니다. 은혜로 하는 신앙은 은혜로 그런 일을 하기 때문에 사람이 보기에 어려운 일일지라도 그것을 매우 단순하고 쉽게 할 수 있습니다. 신앙을 율법으로 하기 때문에 하나님이 하시는 말씀이 고민거리요, 무거운 짐이 됩니다. 은혜가 없이 말씀을 순종하려니 생각이 복잡해지고 그 일이 괴롭고 힘들게 됩니다.

오직 하나님의 은혜가 하나님 앞에 은혜의 삶을 살게 합니다. 이런 삶은 율법의 의로는 할 수 없고 주님의 은혜를 받은 사람만 할 수 있습니다. 하나님의 은혜가 율법으로는 할 수 없는 그런 일을 하게 하는 능력을 줍니다. 은혜 없이 율법으로 하는 신앙은 하나님을 섬기는 그 자체가 매우 초라하고 인색한 수준에 머뭅니다. 율법의 의무로 하는 헌신은 인간적인 한계를 넘어설 수 없기 때문입니다.

하나님이 우리에게 은혜를 주시는 이유는 우리 힘으로는 우리 자신을 하나님께 산 제물로 드릴 수 없기에 하나님께서 먼저 그것을 할 수 있는 능력을 주시는 것입니다. 오직 십자가의 은혜를 받은 사람만 자기 몸을 하나님의 산 제물로 드릴 수 있습니다.

예수님은 자신의 목숨을 구하고자 하는 사람은 잃게 되고, 주님을 위해 자기 목숨을 잃으면 구원을 얻는다고 말씀하셨습니다. 이것이 하나님 나라에 속한 영적인 원리입니다. 하나님의 은혜 없이 사는 사람은 자기 목숨을 위해 먹고 사는 일에 매이게 됩니다. 그러나 하나님의 은혜가 주어지면 마음에 새겨지는 소원을 따라 하나님께 자기 목숨을 드리는 삶을 살 수 있습니다. 이렇게 믿음으로 자신을 하나님께 드리는 삶이 하나님을 기쁘시게 하는 영적 예배입니다.

하나님의 뜻을 분별하라

주님의 은혜로 새 생명을 받은 사람에게는 더 이상 자신을 위한 삶을 살지 않고 하나님을 기쁘시게 하는 삶을 살고자 하는 소원이 주어집니다. 그런데 하나님을 기쁘시게 하려면 하나님의 선하시고 기뻐하시고 온전하신 뜻이 무엇인가를 분별할 수 있어야 합니다.

이 세대를 본받지 말라

이 악한 시대에 거룩하신 하나님의 뜻을 분별하기 위해서는 먼저 이 세대를 본받지 않는 삶을 살아야 합니다. 이 세대는 하나님의 뜻을 거스르는 사단이 지배하는 악한 세상이기 때문입니다. 세상에서 일어나는 일을 볼 때 이 세대가 어떤 세대인지 아는 것은 어렵지 않습니다. 이 세상은 사사건건 하나님의 말씀과 권위를 거스르고, 하나님을 대적하는 악한 일을 행합니다. 사단이 이 시대의 문화와 풍습, 사상, 유행을 통해 하나님의 뜻을 대적하는 일을 하기 때문입니다. 사단은 이런 것들을 통해 하나님의 창조 질서를 무너뜨리는 악한 법, 악한 풍습, 악한 제도를 세우는 일을 하고 있습니다.

에베소서 2:2

그 때에 너희는 그 가운데서 행하여 이 세상 풍조를 따르고 공중의 권세 잡은 자를 따랐으니 곧 지금 불순종의 아들들 가운데서 역사하는 영이라

이 세상 풍조를 따라 행하는 것은 단순히 세상 유행을 좇는 차원의 일이 아닙니다. 그것은 그 시대의 풍조와 유행을 잡고 있는 공중 권세 잡은 자, 곧 사단을 따르는 영적인 일입니다. 이 세상 풍조 속에

는 불순종의 아들들 가운데 역사하는 영, 즉 하나님께 불순종하는 영이 지배하고 있습니다.

그러므로 이 시대의 풍조를 따라가면 악한 영의 지배를 받아 마음이 완고해져서 하나님께 불순종하는 삶을 살게 됩니다. 하나님께서 우리 마음에 선한 소원을 새겨 주시듯, 악한 영도 세상 풍조와 유행을 통해 우리 마음에 악한 생각을 심어주기 때문입니다.

에베소서 2:3

전에는 우리도 다 그 가운데서 우리 육체의 욕심을 따라 지내며 육체와 마음의 원하는 것을 하여 다른 이들과 같이 본질상 진노의 자녀이었더니

우리는 자기 마음에 들어오는 소원이 어디로부터 온 것이며, 그것이 누구의 뜻을 이루는 것인지를 분별해야 합니다. 육체의 욕심대로 하고 싶은 소원함이 들어오면 그것은 사단이 주는 것이기 때문에 그것을 따라 행하면 악한 죄의 열매를 낳게 됩니다. 결국 그 죄를 통해 우리 영혼이 마귀에 속하여 다시 옛 죄에 빠지게 됩니다.

이 세상 많은 사람들이 다 그렇게 한다는 이유로 자기 죄를 합리화 할 수 없습니다. 이 시대의 유행이고 풍조이기 때문에 아무 문제의식없이 그것을 따라가면 그 시대의 풍조를 조종하고 있는 악한 영에게 지배됩니다. 오직 성령께서 새사람의 마음에 새겨주시는 하나님의 말씀을 통해 그것을 분별해야 합니다. 이런 영적인 분별력을 위해

서는 우리의 마음을 깨끗하게 유지해야 합니다. 정결한 마음에 거룩한 성령이 주시는 하나님의 소원만 받을 수 있기 때문입니다.

지금 시대는 악하고 패역한 시대이기에 그 악한 시대의 흐름을 거스르며 우리 마음을 지키는 것이 쉽지 않은 때입니다. 그러므로 이런 악한 시대에 사는 사람은 이 시대를 지배하고 있는 유행과 풍조를 이길 수 있는 노아와 같은 믿음과 영성이 필요합니다.

창세기 6:5

여호와께서 사람의 죄악이 세상 가득함과 그의 마음으로 생각하는 모든 계획이 항상 악할 뿐임을 보시고

창세기 6:6

땅 위에 사람 지으셨음을 한탄하사 마음에 근심하시고

창세기 6:7

이르시되 내가 창조한 사람을 내가 지면에서 쓸어버리되 사람으로부터 가축과 기는 것과 공중의 새까지 그리하리니 이는 내가 그것들을 지었음을 한탄함이니라 하시니라

노아는 하나님이 이 땅 위에 사람을 지으신 것을 한탄하실 만큼 죄악이 만연한 시대에 살았습니다. 그 시대 사람들은 먹고 마시며 육체를 따라 살았습니다. 하나님의 사람들도 자기가 원하는 세상의 아름다운 여자들과 육체를 따라 결혼하는 풍조에 빠졌습니다. 그럼에

도 노아는 그 시대 풍조를 따라 살지 않고 하나님의 말씀을 따라 살았습니다. 그는 하나님의 말씀을 따라 장차 주어질 하나님의 심판에 대비하여 자신의 구원을 위한 방주를 만드는 사명을 감당하며 구별된 삶을 살았습니다. 그가 이처럼 자기의 시대를 거스를 수 있었던 것은 하나님의 은혜 때문이었습니다.

창세기 6:8
그러나 노아는 여호와께 은혜를 입었더라

성경은 노아가 하나님께 은혜를 입었다고 말합니다. 노아가 이 세상을 거슬러 살 수 있었던 힘은 하나님의 은혜에서 나왔습니다. 그는 하나님의 은혜로 인해 패역하고 죄악이 가득한 그 시대와 구별된 삶을 살아낼 수 있었습니다. 이런 악한 시대에는 오직 주님의 은혜로만 세상과 구별된 삶을 살 수 있습니다.

하나님께서 은혜 받은 노아에게 홍수 심판을 대비하기 위해 방주를 만들게 하셨습니다. 그는 하나님이 마음에 주시는 그 말씀에 순종하여 세상과 구별된 삶을 살았습니다. 밤낮 방주 만드는 일에 전념할 때 세상을 따라 살 마음과 시간이 없었습니다. 그런 노아의 삶이 자연스럽게 그 시대 사람이 다 하는 대로 먹고 마시며 시집가고 장가가는 세상적인 사람과 다른 삶을 살게 했습니다. 하나님 말씀을 따라 사는 삶, 그 자체가 그로 하여금 이 세상과 구별된 삶을 살게 했습니다. 하나님의 말씀 자체가 이 세대를 떠나 하나님 중심적인 삶을 살게 합니다.

은혜를 받은 그 자체로 저절로 이 시대를 따라 살지 않게 되는 것은 아닙니다. 노아처럼 하나님이 주시는 말씀을 따라 살아야 그 시대를 따라 살지 않을 수 있는 능력이 주어집니다. 최선의 공격이 최고의 방어라는 말과 같이 하나님의 말씀을 따라 사는 그 자체가 이 세상의 모든 세력을 이길 수 있는 최고의 방패가 됩니다.

이 세상 풍속과 문화는 우리가 받은 은혜대로 살지 못하게 방해합니다. 은혜를 받아도 이 세상 세력을 이기지 못하면 그 은혜를 유지하는 것이 어렵습니다. 세상을 사랑하는 것이 하나님과 원수가 되기 때문입니다. 많은 사람들이 은혜를 받고 나서도 그동안 좋아하던 세상에 속한 오락, 취미생활, 쾌락을 포기하지 못함으로 받은 은혜를 한순간에 엎지르곤 합니다.

하나님의 은혜를 받은 사람은 하나님을 대적하는 이 세상과 구별된 삶을 살아야 은혜에 합당한 삶을 살 수 있습니다. 하나님이 주시는 말씀을 따라 믿음으로 살 때 세상을 거스를 수 있는 능력이 주어집니다.

새 마음으로 변화를 받으라

자신의 몸을 하나님이 기뻐하시는 산 제물로 드리기 위해서는 우리 몸이 하나님께 드려질 수 있는 합당한 제물이 되어야 합니다. 구약 시대에는 하나님께 드려지는 제물은 흠 없는 것만 드릴 수 있었습니다. 이와 같이 우리의 몸 역시 하나님께 드려지는 산 제물이 되기 위해서는 흠 없고 거룩해야 합니다. 우리 몸이 거룩하게 되는 것은 우리의 죄가 예수님의 보혈로 씻음 받아 깨끗해진 상태가 되는 것입니다.

요한일서 1:9

만일 우리가 우리 죄를 자백하면 그는 미쁘시고 의로우사 우리 죄를 사하시며 우리를 모든 불의에서 깨끗하게 하실 것이요

우리는 이 말씀을 의지하는 믿음으로, 자기 생각과 마음으로 짓는 죄와 실제 육신으로 짓는 모든 죄를 십자가 앞에 자백할 수 있습니다. 회개를 통해 예수의 보혈로 죄를 씻음 받을 때 우리 몸이 하나님께 드려지는 정결한 제물이 될 수 있습니다.

가장 정결한 마음은 자기 죄를 회개함으로 죄 사함 받은 마음입니다. 그런 회개하는 심령만이 하나님께서 우리 마음 판에 새겨주시는 말씀을 정확하게 받을 수 있습니다. 죄를 회개할 때 더러워진 양심이 깨끗하게 되고, 그 깨끗한 양심은 하나님의 뜻을 분별하는 좋은 도구가 됩니다.

양심이 깨끗한 사람은 죄가 주는 악한 생각이 들어올 때 근심이 되어 그것을 분별하고 대적하게 됩니다. 반면 양심이 더럽혀진 사람에게는 악한 영이 주는 악한 욕망에 미혹되어 그 죄에 빠지게 됩니

다. 죄로 인해 양심이 더러워진 상태에서는 그것에 대한 죄감이 없기에 그 욕망을 분별하고 이길 힘이 없습니다.

갈라디아 교회가 바울의 복음으로 새롭게 된 이후 다른 문제에 빠졌습니다. 그들은 예수님이 자신의 과거, 현재, 미래의 모든 죄를 용서해 주셨으니 자기는 죄에서 자유하다라고 생각했습니다. 이제 자기가 하고 싶은대로 살아도 된다고 생각했습니다. 그들은 하나님의 은혜를 자신의 육체를 누리는 기회로 삼으려 했습니다.

갈라디아서 5:13
형제들아 너희가 자유를 위하여 부르심을 입었으나 그러나 그 자유로 육체의 기회를 삼지 말고 오직 사랑으로 서로 종 노릇 하라

우리는 예수 그리스도 안에서 지난 날의 모든 죄와 율법으로부터 자유를 얻었습니다. 그뿐 아니라 하나님을 섬길 수 있는 좋은 은사를 선물로 받았습니다. 그럼에도 받은 은혜와 은사들을 하나님께 거룩한 산 제물로 드리지 않고, 자기 육체의 기회로 삼는 사람도 있습니다. 이런 사람들은 자기 마음이 원하는 대로 살며, 하나님의 은사로 자기 영광, 자기 의를 드러내면서 하나님의 근심이 되는 삶을 삽니다. 그러나 우리가 십자가의 은혜로 죄 사함을 받고 죄와 율법으로부터 자유의 몸이 된 것은 율법으로부터 자유를 받은 것이지 죄를 지을 자유를 받은 것이 아닙니다. 바울은 이에 대해 '너희가 이같이 어리석으냐! 성령으로 시작했다가 이제는 육체로 마치겠느냐'라고 말합니다.

이처럼 성령을 받고, 은혜를 받은 후에도 하나님 앞에 더 큰 죄를 지을 위험에 빠질 수 있습니다. 하나님의 큰 은혜를 받았지만 그것을 지키지 못하면 사단에게 역 이용당하기 때문입니다. 우리 중에도 하나님의 은혜로 방탕한 죄의 구렁텅이에서 구원받고, 불치병을 치유받고, 가정 파탄, 재정 파탄의 위기에서 벗어나는 은혜를 받은 사람들이 많습니다. 그러나 그 은혜를 육체의 기회를 따라 자기 영광과 자기 자랑을 위해 사용할 때 다시 옛 죄에 빠지게 됩니다. 그러면 은혜받기 전보다 더 고통스러운 삶이 됩니다.

베드로후서 2:20
만일 그들이 우리 주 되신 구주 예수 그리스도를 앎으로 세상의 더러움을 피한 후에 다시 그 중에 얽매이고 지면 그 나중 형편이 처음보다 더 심하리니

베드로후서 2:21
의의 도를 안 후에 받은 거룩한 명령을 저버리는 것보다 알지 못하는 것이 도리어 그들에게 나으니라

하나님께 받은 은혜에 합당한 삶을 살지 않으면 이전보다 더 초라한 삶을 살게 됩니다. 자신에게 어려운 문제가 있을 때는 하나님께 매달리면서 가난하고 낮은 마음으로 간절히 기도합니다. 그런 후 하나님의 은혜로 그 문제를 해결받고 난 후에 그 은혜를 저버리게 되면 이전보다 더 못한 형편이 됩니다. 은혜가 없이 불평으로 사는 사람은 받

은 은혜가 없어서가 아니라 이미 받은 은혜에 합당한 삶을 살지 않은 결과입니다. 주님이 주신 은혜에 감사하지 않고 자신의 몸을 하나님께 드리는 삶을 살지 않으면 받은 은혜가 오히려 불평과 원망으로 바뀝니다. 그런 사람은 계속 은혜만 받으려 할 뿐 받은 은혜에 감사하지도 않고 하나님께 영광 돌리지도 않는 문제를 해결해야 합니다.

로마서 1:21
하나님을 알되 하나님을 영화롭게도 아니하며 감사하지도 아니하고 오히려 그 생각이 허망하여지며 미련한 마음이 어두워졌나니

로마서 1:22
스스로 지혜 있다 하나 어리석게 되어

하나님의 은혜와 사랑을 알고도 하나님께 감사하지도 않고, 하나님을 영화롭게도 하지 않으면 그 영혼이 다시 허망해지며 어두워집니다. 하나님 나라의 영적 원리는 주는 자가 받는 자보다 복이 있는 것입니다. 은혜를 받은 후 주님께 헌신하며 자신을 드리는 자는 기쁨과 복이 있어도, 많은 것을 받으면서도 드리는 것 없이 늘 받고자만 하는 사람은 불평만 있을 뿐 유익이 없습니다. 받은 은혜보다는 주는 것이 많을 때 그것이 자신에게 유익이 됩니다.

예수 그리스도의 십자가 은혜를 받은 사람은 하나님과 다른 사람에게 자신을 드리며 헌신하고 싶은 소원이 주어집니다. 그것이 하나님이 복을 주시고자 하는 사람에게 주시는 하나님으로부터 나온 마

음입니다. 마음에 그런 소원을 받은 사람은 누가 시키지 않아도 하나님과 다른 사람에게 주고 섬기고 싶은 마음, 헌신하고 충성하고 싶은 마음이 불타오르게 됩니다. 그런 소원에 순종할 때 하나님으로부터 오는 기쁨이 주어집니다.

이런 은혜는 하나님이 주시는 소원을 따라 행하는 사람에게 성령이 주시는 선물입니다. 은혜를 받았을 때 성령께서 기도하고 싶은 간절한 소원을 주시고, 말씀을 읽고 싶은 마음을 주시며, 전도하고자 하는 뜨거운 열정을 일으키시고, 교회를 섬기고자 하는 새로운 마음을 부어주십니다. 이런 마음은 하나님이 우리의 삶을 형통하게 하시기 위해 주시는 은혜의 기회입니다. 성경에 나오는 믿음의 사람들인 아브라함, 다윗, 바울은 모두 하나님이 주시는 소원에 믿음으로 순종한 사람들입니다. 신앙은 믿음으로 하는 것이며, 그 믿음이 우리를 은혜로 살게 합니다. 은혜에 합당한 삶은 오직 믿음으로만 살 수 있습니다.

성령께서 우리 마음에 이런 소원을 주시는 그 자체가 하나님의 은혜입니다. 은혜 없이 자기 힘으로 신앙을 하려고 하면 신앙이 힘들고 무거운 짐이 됩니다. 하지만 하나님의 은혜에 믿음으로 순종해서 살면 우리도 아브라함, 다윗, 바울과 같은 은혜의 삶을 살 수 있습니다. 하나님의 은혜가 우리를 그렇게 살 수 있게 하기 때문입니다.

우리가 하나님의 놀라운 은혜를 받았고, 하나님께서 우리 마음에 새겨주시는 소원을 받았다면, 이제 주신 소원을 따라 믿음으로 순종함으로 은혜의 삶을 유지해야 합니다. 주님은 우리가 은혜로 살 수 있도록 십자가의 은혜를 주셨기 때문입니다.

우리가 알아야 할 것은 죄는 결코
은혜 아래 있는 사람을 주장하지 못
한다는 사실입니다. 십자가의 은혜
로 우리는 죄에 끌려다니며 불의의
무기가 되었던 옛 삶에서 벗어나게
되었습니다. 그 은혜 아래 있는 사람
은 이제는 자기 삶을 의의 무기로 하
나님께 드려야 합니다.

나누어 보기

1. 율법에서 자유한 은혜를 받은 사람이 주의해야 할 것이 무엇인지 나누어 보세요.

2. 하나님께 자기 몸을 산 제물로 드린다는 의미가 무엇인가요?

3. 하나님의 뜻을 분별하는 것이 왜 중요한가요?

4. 이 세대를 본받지 않는 것이 구체적으로 어떤 삶인가요?

5. 새 마음으로 변화를 받는 삶이 어떤 것인지 나누어 보세요.

갈라디아서 3:1-4

¹ 어리석도다 갈라디아 사람들아 예수그리스도께서 십자가에 못 박히신 것이 너희 눈앞에 밝히 보이거늘 누가 너희를 꾀더냐 ² 내가 너희에게서 다만 이것을 알려 하노니 너희가 성령을 받은 것이 율법의 행위로냐 혹은 듣고 믿음으로냐 ³ 너희가 이같이 어리석으냐 성령으로 시작하였다가 이제는 육체로 마치겠느냐 ⁴ 너희가 이같이 많은 괴로움을 헛되이 받았느냐 과연 헛되냐

4
Chapter

받은 은혜를 지키라

부모는 자녀를 낳는 순간부터 자녀에 대한 무한한 책임감을 가지게 됩니다. 자녀가 태어나면서부터 평생 자녀 문제에서 벗어나지 못하기 때문입니다. 부모는 아이를 가질 때부터 태중에 있는 아이를 보호하면서 해산의 고통을 겪어야 합니다. 10달 동안의 수고 끝에 무사히 출산을 한다고 끝나는 것이 아니라 그때부터 본격적인 수고와 돌봄이 시작됩니다. 갓난아이 때부터 자녀의 모든 필요한 것을 채우고, 보살펴 주어야 합니다. 특별히 청소년기에는 사춘기 자녀를 감당하느라 극심한 심적 고통을 겪기도 합니다.

자녀가 대학을 졸업할 때까지 뒷바라지를 하면 이제 모든 의무를 다 한 것 같지만, 졸업 후 경제적인 자립을 위해 취업하는 과정도 쉽지 않습니다. 취업할 때까지 모든 지원을 다 한 후 겨우 직장에 들어가면 한숨을 놓는 것 같지만 그렇지도 않습니다. 직장에 들어간 기쁨도 잠시 뿐 얼마 되지 않아 상사 때문에 '힘들어 못하겠다, 하는 일이

적성에 맞지 않는다'며 수시로 다른 직장으로 옮기겠다는 온갖 불평을 다 들어주어야 합니다.

그런 후 어렵게 결혼을 시키고 나면 모든 짐에서 벗어날 것 같지만, 결혼 이후에도 계속 도움을 주어야 할 일이 생깁니다. 부부 간에 발생하는 어려움도 받아주어야 하고 손자까지 태어나면 도움을 주어야 할 일이 더 많아져 노년을 힘들게 보내게 됩니다. 그럼에도 자녀들은 부모의 마음을 헤아리지 못한 채 더 도와주지 않는다고 섭섭해 하기도 합니다.

이런 부모의 마음이 우리를 향한 하나님 아버지의 마음이라고 할 수 있습니다. 하나님도 우리를 이 땅에 태어나게 하신 그날부터 쉬지 않고 헌신적인 사랑으로 우리를 돌봐 주십니다. 그 사랑과 헌신의 절정은 우리를 구원하시기 위해 자기 아들을 십자가에 내어주시는 것으로 나타났습니다. 예수님께서 십자가에서 피흘려 죽으심으로 우리가 이전의 죄에서 구원받는 새로운 삶을 살 수 있었습니다. 하지만 우리는 이처럼 큰 구원을 받은 후에도 여전히 하나님의 도움이 없이는 하루도 제대로 살 수 없을 정도로 연약한 점이 많습니다. 하나님의 큰 은혜를 받고도 다시 옛 생활로 돌아가 죄에 빠지기도 합니다. 그럼에도 불구하고 하나님은 그런 우리를 포기하지 않으시고 그 죄에서 다시 건져내는 일을 하십니다.

하나님은 이렇게 사람들이 큰 은혜를 받고도 그것을 온전히 지키지 못할 것을 다 아십니다. 예수님도 천국 잔치의 비유를 통해 이것을 말씀하셨습니다. 하나님 나라에 들어갈 수 있도록 은혜로 초청받은 사람들은 많지만, 마지막까지 실제로 그 잔치에 택함 받아 참석하는 사람들은 매우 적다고 말씀합니다.

청함을 받고도 택함 받지 못한 그들도 처음 하나님의 잔치에 초청을 받았을 때는 너무 감사하고 기뻐했을 것입니다. 그러나 시간이 지나고 세월이 흐르자 마음이 변하게 되었습니다. 세상에 있는 자기 소유가 더 귀하게 여겨지고, 세상 것을 누리는 즐거움에 마음을 빼앗겨 버렸습니다. 결국 하나님으로부터 초청받은 그 은혜의 감격은 사라지고 정작 천국에 들어가는 마지막 순간에 하나님의 은혜를 거부하고 세상 것을 선택했습니다.

이것이 하나님의 은혜를 받고도 하나님을 위해 사는 것을 버리고 세상을 위해 살아가는 우리의 모습입니다. 하나님이 값없이 주시는 은혜보다 이 땅에서 자기 노력으로 얻는 소유물이 더 귀하게 보이는 사람은 결국 하나님 나라의 것을 포기하고 세상 것을 택합니다.

마태복음 22:14

청함을 받은 자는 많되 택함을 입은 자는 적으니라

예수님의 은혜와 사랑을 받은 사람은 수없이 많습니다. 하지만 그 것을 주님 나라 갈 때까지 지키는 사람은 많지 않습니다. 그럼에도 하나님은 그 은혜를 지키지 못한 사람에게도 다시 회복할 수 있는 기회를 주십니다. 하나님은 우리의 연약함을 오래 참으시고 기다려주시는 인내의 하나님이시며, 우리를 사랑하시되 끝까지 사랑하시는 아버지이십니다.

예수 그리스도의 은혜를 받은 후 다시 죄에 빠지고 옛 삶으로 돌아가는 우리를 끝까지 도우시는 하나님의 은혜에 대해 생각해 보고자 합니다.

은혜를 빼앗는 죄

우리에게 주어진 은혜는 저절로 유지되지 않습니다. 받은 은혜에 합당한 삶을 살지 않으면 그 은혜는 즉시 사라집니다. 그것을 빼앗는 자가 있기 때문입니다. 우리에게 보물을 가지고 있다는 것이 알려지면 주위에 그것을 노리는 도둑과 강도들이 몰려오게 되는 것과 같습니다. 우리가 받은 은혜는 그 무엇으로도 살 수 없는 보물보다 더 값진 것입니다. 그래서 마귀가 죄라는 무기를 가지고 우리에게 주어진 은혜를 빼앗고자 합니다. 이때 깨어있지 않고 방심하면 그 은혜는 순식간에 원수에게 빼앗깁니다.

갈라디아 교회는 바울이 전해준 복음을 통해 하나님의 큰 구원의 은혜를 받은 후 그 귀한 은혜를 빼앗긴 채 하나님을 속히 떠났습니다. 갈라디아 교회는 바울이 전해준 복음을 믿음으로 성령을 받았습니다. 그 후 교회 안에 들어온 율법주의자들의 미혹을 받아 그 은혜를 지키지 못하고 빼앗겼습니다. 그로 인해 성령으로 시작한 믿음이 육체로 마치게 되었습니다. 바울은 뜨거운 은혜를 받은 갈라디아 교회가 그렇게 속히 무너지는 것을 이상하게 여겼습니다.

갈라디아서 1:6

그리스도의 은혜로 너희를 부르신 이를 이같이 속히 떠나 다른 복음을 따르는 것을 내가 이상하게 여기노라

갈라디아서 1:7

다른 복음은 없나니 다만 어떤 사람들이 너희를 교란하여 그리스도의 복음을 변하게 하려 함이라

거짓 선지자들은 성령의 은혜를 받은 갈라디아 교인들에게 율법을 지켜야 한다는 다른 복음으로 미혹했습니다. 그들의 거짓된 말을 들은 갈라디아 교인들은 자신을 변화시킨 바울이 전해준 그 복음을 버리고 금방 다른 복음을 따라갔습니다, 이에 바울은 다른 복음은 없다고 말합니다. 우리를 구원할 복음은 오직 예수 그리스도의 십자가 복음 외에는 없기 때문입니다.

지금도 사람들은 교회 밖에서 전해지는 인터넷과 여러 서적들과 미디어 등을 통해 전해지는 다른 말과 이론을 통해 자기가 받은 처음 복음을 잃어버리기도 합니다. 우리 주변에는 주님이 주신 복음을 빼

앗고자 하는 것들이 너무 많이 도사리고 있습니다. 하지만 그리스도 안에서 일만 스승은 있을 수 있어도 자기를 복음으로 낳은 진정한 영적 아버지는 많지 않습니다.

자기 자녀를 사랑하는 부모는 자녀에게 건강에 좋은 것을 주려고 합니다. 그러나 아이를 꾀려는 목적을 가진 사람은 아이가 좋아하는 불량식품으로 아이의 마음을 빼앗고자 합니다. 이렇게 분별력 없는 아이처럼 우리도 인터넷, 미디어, 서적을 통해 전해지는 불량식품 같은 거짓 복음을 통해 사단의 꾐에 넘어가 은혜를 빼앗기곤 합니다.

죄는 우리가 받은 은혜를 빼앗는 주범입니다. 하나님이 주신 은혜로 세상에 안주하며 육신적인 삶을 살면 받은 은혜를 잃어버리고 다시 옛 삶으로 돌아가게 됩니다. 은혜를 받은 후 옛 죄에 다시 빠지는 것은 받은 은혜에 감사하지도 않고, 그것으로 하나님의 사명을 감당하는 삶을 살지 않기 때문입니다.

갈라디아서 5:13

형제들아 너희가 자유를 위하여 부르심을 입었으나 그러나 그 자유로 육체의 기회를 삼지 말고 오직 사랑으로 서로 종 노릇 하라

받은 은혜를 자기 육신의 기회로 삼으면 우리 안에 성령이 소멸하여 은혜가 사라집니다. 이것이 갈라디아 교회가 넘어지게 된 원인입니다. 그들은 은혜를 받은 후 그때부터 어떤 고생이나 헌신하는 삶보

다는 육체적으로 편하고 재미있게 살고자 했습니다. 그로 인해 은혜는 순식간에 사라지고 다시 죄의 종노릇 하는 삶을 살게 되었습니다.

받은 은혜를 빼앗고자 하는 사단의 계략을 이기기 위해서는 늘 십자가 방법으로 살아야 합니다. 우리는 자신이 이미 죄에 대해서는 죽은 자이며 하나님에 대해 산 자라는 믿음을 가져야 합니다. 그래야 이미 십자가에 못 박힌 우리의 옛 죄가 다시 우리를 주장하지 못합니다.

로마서 6:11

이와 같이 너희도 너희 자신을 죄에 대하여는 죽은 자요 그리스도 예수 안에서 하나님께 대하여는 살아 있는 자로 여길지어다

로마서 6:14

죄가 너희를 주장하지 못하리니 이는 너희가 법 아래에 있지 아니하고 은혜 아래에 있음이라

예수 그리스도를 믿을 때 우리는 이미 율법에 대해 죽은 자요, 율법의 저주에서 벗어나 은혜 아래 있는 자가 되었습니다. 우리가 받은 은혜에 합당한 삶을 살면서 십자가 은혜 아래 거하면 죄가 더 이상 우리를 주장할 수 없습니다. 우리를 변화시킨 그 은혜 아래 거하는 것이 죄를 이기는 최고의 방패며 능력입니다.

그러나 받은 은혜에 감사하지 않고, 그 은혜에 합당하게 살지 않으면 우리 스스로 죄에게 틈을 내어주게 됩니다. 은혜 아래 있는 사람

은 그 은혜에 합당한 선한 열매가 있고, 죄 아래 있는 사람은 그 죄로 인해 악한 열매를 맺습니다. 그 열매가 자신이 은혜 아래 있는지, 죄 아래 있는지를 나타냅니다. 이를 통해 자신의 현재 상태를 돌아볼 수 있습니다.

죄 문제를 도우시는 주님

많은 사람들이 주님의 은혜를 받은 후에도 자신의 연약함으로 인해 다시 죄에 넘어지기도 합니다. 그럼에도 하나님은 우리가 아주 넘어지지 않고 죄에서 다시 회복할 수 있는 기회를 주십니다. 한번 실패한다고 그것으로 우리를 포기하거나 버려두시지 않습니다. 우리는 예수님의 귀한 피 값으로 사신 소중한 존재이기 때문입니다. 이것이 죄인에게 베푸시는 하나님의 사랑입니다. 그러므로 비록 실수로 넘어졌다고 해서 자신을 포기할 이유가 없습니다. 하나님이 그런 우리를 버리지 않고 끝까지 도우시기 때문입니다. 그런 하나님의 사랑 때문에 연약하고 실수 많은 우리가 지금 이 자리에 있는 것입니다. 우리가 잘해서가 아니라 주님의 오래 참으시는 사랑의 은혜 때문입니다.

우리가 은혜를 잃어버린 채 죄를 짓고 넘어질 때 하나님이 어떻게 도우시는지 살펴보고자 합니다.

회개

우리가 비록 죄를 지을 수밖에 없을지라도 하나님은 그 죄 문제를 해결할 수 있는 기회를 주십니다. 그 방법 중에 하나가 회개입니다. 회개는 죄를 지은 죄인에게 주시는 하나님의 최고의 은혜입니다. 만약 하나님께서 한 번 죄를 지은 것으로 우리를 바로 심판하신다면, 우리는 아무 소망 없이 죄로 망하는 인생이 될 것입니다. 그러나 비록 죄를 지을 수밖에 없을지라도 하나님은 우리가 그 죄 문제를 해결할 수 있는 은혜를 주시는 좋으신 아버지가 되십니다.

우리의 죄 문제는 오직 회개를 통해 하나님으로부터 죄 사함을 받음으로만 해결될 수 있습니다. 우리의 죄는 하나님 앞에만 죄가 되기 때문입니다. 다른 사람의 물건을 도적질 하고, 다른 사람을 죽이는 살인이 죄가 되는 이유는 단순히 그 사람에게 해를 끼친 것 때문이 아닙니다. 그것이 죄가 되는 것은 도적질 하지 말고, 살인하지 말라는 하나님의 말씀을 어겼기 때문입니다.

이처럼 죄 문제는 사람과의 관계 이전에 하나님과 관계된 것이므로 우리의 죄 문제는 먼저 하나님과의 관계에서 해결되어야 합니다. 어떤 죄를 지었든지 간에 그 죄를 정하신 하나님으로부터 죄 사함을 받게 되면 그 죄는 없어집니다. 죄를 정하신 하나님께서 죄가 없다라고 하면 더 이상 죄인이 아니기 때문입니다. 이처럼 하나님 앞에 죄를 들고 나가 하나님 앞에 풀고 용서받는 것이 회개입니다. 감사하게도 하나님께서는 누구든지 자기 죄를 자백하고 회개하면 다 용서해 주시겠다고 약속하셨습니다.

요한일서 1:9

만일 우리가 우리 죄를 자백하면 그는 미쁘시고 의로우사 우리 죄를 사하시며 우리를 모든 불의에서 깨끗하게 하실 것이요

하나님은 우리를 사랑하시기 때문에 우리가 회개하면 언제든지 우리를 용서해 주시고 받아주십니다. 예수님께서 우리 죄를 위해 십자가에 돌아가신 보혈 때문입니다. 이런 하나님의 용서를 받기 위해 우리가 해야 할 것은 자기 죄를 자백하며 회개하는 것입니다. 하나님이 아무리 용서해 주시려고 해도 우리가 자기 죄를 자백하며 회개하지 않으면 용서해 주실 수 없습니다. 회개를 거부하는 것은 우리를 용서해 주시기 위해 십자가에 돌아가신 주님의 은혜를 거부하는 것입니다. 그러므로 회개를 거부하는 사람은 영원한 심판을 피할 수 없습니다.

다윗은 하나님의 놀라운 축복과 은혜를 받았지만 육신의 연약함으로 인해 간음죄를 지었고, 그 사실을 숨기기 위해 살인죄까지 범했습니다. 그가 자기 죄를 토설하지 않았을 때 자기 영혼에 진액이 마르는 것 같은 고통을 겪었습니다. 그가 결단하고 하나님께 죄를 자복하고 회개했을 때 즉시 주님의 용서를 받았습니다.

시편 32:5

내가 이르기를 내 허물을 여호와께 자복하리라 하고 주께 내 죄를 아뢰고 내 죄악을 숨기지 아니하였더니 곧 주께서 내 죄악을 사하셨나이다 (셀라)

다윗과 같이 우리도 하나님 앞에 자기 죄를 자백하면 하나님이 우리의 모든 죄를 용서해 주십니다. 회개는 죄인에게 주어지는 하나님의 최고의 은혜요 축복입니다. 우리 인생이 불행한 이유는 죄 문제이기 전에 죄를 짓고도 회개하지 않는 완고한 마음 때문입니다.

죄는 우리 안에 성령을 소멸하여 우리 마음을 완고하게 만듭니다. 그러면 하나님의 말씀이 더 이상 마음에 새겨지지 않고, 대신 악한 영이 우리 안에 죄의 소욕을 심어줌으로 죄에 빠지게 됩니다.

이런 사람에게도 하나님은 언제든지 회개를 통해 죄에서 돌이킬 수 있는 기회를 주십니다. 이 회개의 기회를 거부한다면 죄의 심판을 피할 방법은 없습니다. 회개의 기회를 주실 때 자기 죄를 토설하고 새롭게 은혜를 회복하는 것이 하나님이 주신 축복입니다.

예수님의 도우심

죄인에게 주시는 또 다른 은혜는 우리가 죄를 지었을 때 우리를 변호해 주시는 예수님이 계시는 것입니다. 예수님은 우리를 위해 자기 몸을 십자가에 내어주시기까지 죄인을 사랑하시는 분이십니다. 예수님은 그 십자가의 은혜가 헛되지 않도록 끝까지 우리의 죄 문제를 도우십니다. 우리가 죄를 지었을 때 예수님은 하나님 앞에 우리의 죄값을 자기 피로 이미 지불하셨다는 것을 호소하시면서 우리를 변호하십니다.

요한일서 2:1

나의 자녀들아 내가 이것을 너희에게 씀은 너희로 죄를 범하지 않게 하려 함이라 만일 누가 죄를 범하여도 아버지 앞에서 우리에게 대언자가 있으니 곧 의로우신 예수 그리스도시라

우리가 죄를 지을 때 사람들은 우리를 정죄하고 심판하려고 합니다. 그러나 예수님만은 우리 죄에 대해 우리 편에 서서 변호해 주십니다. 예수님은 자신의 피값으로 우리를 율법의 저주에서 건지셨기 때문입니다. 그래서 연약한 우리를 위해 중보하시며 도우십니다. 이런 주님의 중보 사역으로 인해 우리가 수없이 은혜를 배반하고 죄에 빠지는 데도 불구하고 아주 버림받지 않고 주님 안에 남아있을 수 있습니다.

로마서 8:34

누가 정죄하리요 죽으실 뿐 아니라 다시 살아나신 이는 그리스도 예수시니 그는 하나님 우편에 계신 자요 우리를 위하여 간구하시는 자시니라

예수님은 십자가를 지신 후 부활하셔서 지금은 하나님 우편에 앉아계십니다. 거기에서 편하게 앉아 쉬고 계신 것이 아니라 지금도 끊임없이 우리가 범하는 죄를 변호하시며, 하나님 아버지께 간구하고 계십니다. 그러므로 우리가 비록 어떤 죄를 지었다해도 예수님의 은혜로 다시 돌아올 소망을 가질 수 있습니다. 우리는 연약하여 넘어질

지라도 예수님의 은혜로 여전히 주님 안에 남아있게 된 것을 감사해야 합니다.

사단은 우리로 하여금 죄를 짓게 유혹한 후 그 죄를 지으면 정죄하고 참소하며 죽이려 합니다. 하지만 예수님은 우리가 죄를 지었을 지라도 하나님 앞에 우리를 오히려 변호해 주십니다. 하나님과 우리 사이를 화목하게 하시려고 이미 화목제물로 자신을 드리셨기 때문입니다.

죄인을 끝까지 사랑하시는 주님의 십자가 사랑을 아는 사람은 더이상 죄에 머물러 있을 수 없습니다. 주님의 사랑을 만날 때, 죄의 욕망이 사라지기 때문입니다. 이것이 우리를 사랑하시는 하나님의 능력입니다. 율법의 노력으로는 죄에 넘어질 수밖에 없지만, 주님의 십자가 사랑을 경험할 때, 그 사랑이 죄를 끊게 하는 능력이 됩니다.

죄의 길에서 되돌아 오는 방법

주님은 우리가 죄를 짓고 잘못된 길에서 방황할 때 다시 주님께로 돌아올 수 있는 여러 가지 대비책을 마련해 놓으셨습니다. 하나님은 우리가 끝까지 받은 은혜를 지키기 원하시기 때문입니다. 이것이 우리를 오래 참으시는 주님의 사랑입니다.

말씀

하나님은 죄로 인해 받은 은혜에서 떠난 우리에게 하나님의 말씀을 통해 다시 돌아올 수 있는 기회를 주십니다. 우리가 죄를 짓게 되면 우리의 영이 혼미해져서 영적인 것을 분별하지 못하는 영적인 맹인이 됩니다. 그로 인해 자기 자신의 영적 실체를 바로 보지 못하게 됩니다. 자신이 무엇이 잘못됐는가를 도무지 알 수 없기에 죄에서 빠져나올 수도 없습니다.

그런데 하나님의 말씀은 우리 안에 있는 모든 것을 다 드러내는 능력이 있습니다. 마치 의사가 X-Ray나 M.R.I 같은 진단 장비를 통해 환자의 몸 속에 숨은 모든 상태를 밝히 드러내듯이 하나님의 말씀은 우리 내면의 모든 영적 상태를 정확하게 조명해 주십니다.

히브리서 4:12
하나님의 말씀은 살아 있고 활력이 있어 좌우에 날선 어떤 검보다도 예리하여 혼과 영과 및 관절과 골수를 찔러 쪼개기까지 하며 또 마음의 생각과 뜻을 판단하나니

하나님의 말씀이 선포될 때 그 말씀은 우리 혼과 영과 및 관절과 골수를 찔러 쪼갤 뿐만 아니라 우리 속에 있는 마음의 생각과 뜻까지 다 판단하여 드러냅니다. 이처럼 하나님은 우리가 죄를 지을 때 먼저 말씀을 주심으로 우리 자신의 내면을 통찰해 볼 수 있는 기회를 주십니다. 매주 선포되는 말씀을 통해 자신의 죄 문제를 구체적으로 깨닫게 하심으로 그 죄에서 돌이킬 수 있도록 도와주십니다.

하나님은 각 사람 속에 있는 상태를 다 아시기 때문에 같은 말씀

을 통해서도 각 사람에게 해당하는 정확한 말씀이 각자에게 다르게 들리게 하십니다. 동일한 장소와 시간에 같은 말씀이 선포되어도 듣는 사람에게는 각각 자신의 상황에 맞게 들립니다. 성령께서 각자의 형편에 맞게 말씀을 적용하도록 도우시기 때문입니다. 하나님께서 그때 그 상황에서 각 사람에게 말씀을 주시는 것은 이미 그 사람의 문제를 고치시기로 작정하시고 주시는 것입니다. 그러므로 자신에게 주어지는 그 말씀을 믿음으로 반응할 때 그 말씀을 통해 자신의 죄 문제가 해결됩니다. 믿음으로 받은 그 말씀은 우리의 혼과 영과 관절, 골수를 쪼개며, 우리의 마음과 뜻까지도 판단하는 능력이 있기 때문입니다.

시편 107:20

그가 그의 말씀을 보내어 그들을 고치시고 위험한 지경에서 건지시는도다

하나님의 말씀 없이 스스로 자기 죄를 깊이 깨닫는 것은 쉽지 않습니다. 그러므로 하나님은 우리의 죄 문제를 해결하기 위해 먼저 말씀을 보내어 자기 죄를 깨닫고 회개할 수 있도록 도우십니다. 하나님은 성령을 통해 하나님이 주시는 그 말씀을 깨닫게 하심으로 회개의 은혜를 주십니다. 그러므로 죄 아래 매여 자기 영혼이 곤고할 때는 그때 주어지는 하나님의 말씀에 귀를 기울여야 합니다. 그 시에 자기에게 주시는 그 말씀을 통해 죄에서 돌이킬 수 있는 회개의 은혜가 주어지기 때문입니다.

성령

하나님은 성령을 통해 우리가 죄에서 돌이킬 수 있도록 도우십니다. 우리가 죄를 지을 때 우리 안에 성령의 근심을 주심으로 자기 죄를 깨닫게 하십니다.

에베소서 4:30
하나님의 성령을 근심하게 하지 말라 그 안에서 너희가 구원의 날까지 인치심을 받았느니라

죄를 지을 때 성령의 근심이 우리 양심을 통해 느껴집니다. 실제 자기 마음이 불안하여 괴롭고, 괜히 마음에 분노가 일어나며 감정이 우울하게 되는 고통을 겪기도 합니다. 죄가 양심의 가책을 통해 우리 영혼을 괴롭히기 때문입니다. 다윗은 이와 같이 마음에 죄를 품은 채 토설하지 않을 때의 고통을 시편에 잘 표현해 놓았습니다.

시편 32:3
내가 입을 열지 아니할 때에 종일 신음하므로 내 뼈가 쇠하였도다
시편 32:4
주의 손이 주야로 나를 누르시오니 내 진액이 빠져서 여름 가뭄에 마름같이 되었나이다

성령의 근심으로 주어지는 양심의 가책을 계속 억누르면 자기 영

혼이 짓눌려 신음하며 진액이 빠지는 고통을 겪습니다. 그것은 하나님께 자신의 죄를 토설하라는 경고입니다. 그런 양심의 가책을 계속 거부하면 나중에는 그 양심이 무뎌져서 죄의식조차 없어집니다. 성령이 근심하는 마음을 계속 무시하면 더 이상 성령이 역사하지 않기 때문입니다. 그러면 그 죄가 그 안에 악한 진지를 구축하여 회개하는 것은 더 어렵게 됩니다.

성령께서 우리의 양심을 통해 근심을 주시는 것은 자기 죄를 토설하며 회개할 수 있는 기회를 주시는 것입니다. 그 하나님의 은혜의 기회에 믿음으로 반응하면 다시 은혜를 회복하여 죄의 고통에서 자유하게 됩니다.

영적 리더

하나님은 자신의 영적 리더를 통해서도 자기 죄 문제를 해결할 수 있는 기회를 주십니다. 우리가 죄를 짓게 될 때 자신의 영적 리더에게 성령의 근심이 전달됩니다. 하나님은 그 영혼의 돌봄을 그에게 맡기셨기 때문입니다.

히브리서 13:17

너희를 인도하는 자들에게 순종하고 복종하라 그들은 너희 영혼을 위하여 경성하기를 자신들이 청산할 자인 것 같이 하느니라 그들로 하여금 즐거움으로 이것을 하게 하고 근심으로 하게 하지 말라 그렇지 않으면 너희에게 유익이 없느니라 영적 리더의 마음에 근심이 되는 것은 그것이 하나님이 주시는 근심이며 성령을 거스르고 있다는 표시입니다. 하나님은 영혼의 상태를 그를 맡기신 리더에게 먼저 알려주십니다. 그러므로 하나님이 세우신 영적 리더의 영적 권위 아래 있을 때 그를 통해 자기 문제를 해결 받을 수 있습니다.

다윗은 메시야의 조상이며, 하나님 마음에 합한 사람이었지만, 그 또한 완전할 수 없는 연약한 사람입니다. 그가 아무도 모르게 은밀한 간음 죄를 지었을 때 하나님은 그것을 다 알고 계셨습니다. 그런데 다윗이 끝까지 회개하지 않고 진액이 마르도록 자기 죄를 숨기고 있을 때, 하나님은 다윗의 영적 리더인 나단 선지자에게 그것을 알게 하셔서 다윗의 죄 문제를 돕게 하셨습니다.

나단 선지자는 비유를 통해 다윗의 은밀한 죄를 지적했고, 다윗은 그것을 겸손하게 인정하고 받아들였습니다. 그는 왕이었지만 하나님의 선지자의 영적 권위에 굴복하고 그 앞에 자기 죄를 회개했습니다. 그때 하나님은 다윗의 죄를 즉시 용서해 주셨습니다.

만약 다윗의 마음이 강퍅했다면, 죄를 지적당했을 때 그것을 거부하고 왕의 권위로 나단 선지자를 죽일 수도 있었습니다. 만약 그가 그렇게 했다면 자기 죄 문제를 해결할 기회를 놓친 채 하나님께 버림받아 심판 받았을 것입니다. 그 때 다윗은 겸손하게 영적 리더의 말에 순종했습니다. 자기 스스로 해결할 수 없었던 죄 문제가 영적 리더를 통해 해결되는 은혜를 받게 되었습니다.

이처럼 자신의 영적 리더와의 교제나 상담을 통해서 하나님의 마음을 전달받을 때, 자기 죄를 인정하고 회개하면 그 죄의 심판에서 용서받을 수 있는 기회가 됩니다. 그런 기회를 주시는 데도 그것을 거부하면 그 죄를 해결할 수 있는 기회를 놓치고 심판을 피할 수 없게 됩니다. 그래서 우리는 자기를 인도하는 영적 리더와 인격적인 관계를 가지는 것이 중요합니다. 영적 리더와 열린 마음으로 교제를 할 수 있는 겸손한 자세를 가질 때 죄 문제를 해결할 수 있기 때문입니다.

기도

하나님은 기도를 통해 우리 죄 문제를 해결할 수 있게 도우십니다. 기도는 죄 때문에 완고해진 우리 마음을 깨뜨리고 부드럽게 하는 역할을 합니다. 성령은 우리의 기도를 통해 우리의 안에 굳은 마음을 제거하시고 부드러운 마음을 주시기 때문입니다. 성령께서 죄를 깊이 깨닫게 하심으로 죄가 잡고 있는 굳은 마음을 제거하여 그 죄에서 돌이킬 회개의 마음을 주십니다.

그리고 기도는 우리의 은혜를 빼앗고자 하는 죄를 막아서는 강력한 방패가 됩니다. 아무리 은혜를 받아도 기도하지 않으면 은혜를 유지하기 어렵습니다. 죄가 은혜를 소멸시키는 일을 하기 때문입니다. 그래서 기도에 소홀해지고 기도를 멈추는 순간부터 받은 은혜가 사라지기 시작합니다. 우리 힘으로는 죄 문제를 이길 힘이 없습니다. 하나님은 다시 기도를 통해 죄 문제를 해결하고 회복할 수 있는 기회를 주십니다.

죄를 짓는 것도 나쁘지만, 더 나쁜 것은 죄를 회개하지 않으려는 완고한 마음입니다. 죄인은 스스로 자신의 완고한 마음을 꺾을 힘이 없습니다. 그래서 자기 죄 때문에 괴로워하면서도 회개하지 못합니다. 이렇게 우리 힘으로 할 수 없기 때문에 우리가 기도 할 때, 성령께서 우리 안에 굳은 마음을 깨뜨려 주십니다. 그래서 처음에는 강퍅하게 굳어진 마음으로 기도하다가 갑자기 눈물이 나고 자기도 몰랐던 죄가 깨달아지고 회개가 터지는 일이 일어납니다. 이렇게 스스로 자기 죄를 깨닫지도 못하고, 또 알고 있는 죄에서 돌이킬 능력이 없을 때 기도해야 합니다.

누가복음 18:11

바리새인은 서서 따로 기도하여 이르되 하나님이여 나는 다른 사람들 곧 토색, 불의, 간음을 하는 자들과 같지 아니하고 이 세리와도 같지 아니함을 감사하나이다

누가복음 18:12

나는 이레에 두 번씩 금식하고 또 소득의 십일조를 드리나이다 하고

누가복음 18:13

세리는 멀리 서서 감히 눈을 들어 하늘을 쳐다보지도 못하고 다만 가슴을 치며 이르되 하나님이여 불쌍히 여기소서 나는 죄인이로소이다 하였느니라

자기 죄를 인정하고 애통한 마음으로 하나님 앞에 가슴을 치며 기도한 세리의 기도는 하나님께 응답받았습니다. 그러나 자기 죄를 회개하지 못하고 자기 의만 자랑한 바리새인의 기도는 듣지 않으셨습니다.

하나님은 그 어떤 죄라도 자기 죄를 인정하고 회개할 때 모든 죄를 용서해 주십니다. 그래서 바울은 우리의 죄가 더 한 곳에 하나님의 은혜가 더하다고 했습니다. 우리가 지은 엄청난 죄보다 하나님의 용서의 은혜가 더 크기 때문입니다. 우리의 넘어진 실패보다 예수님의 사랑이 더 큽니다. 그리고 우리에게 주어지는 죄의 유혹보다 십자가의 피가 더 강하기에 우리가 죄를 이길 수 있습니다. 그러므로 우리는 자신을 바라보지 말고 오직 예수님의 십자가의 은혜만을 바라보아야 합니다. 그것만이 죄인이 죄를 이길 수 있는 유일한 소망입니다.

받은 은혜를 빼앗고자 하는 사단
의 계략을 이기기 위해서는 늘 십자
가 방법으로 살아야 합니다. 우리는
자신이 이미 죄에 대해서는 죽은 자
이며 하나님에 대해 산 자라는 믿음
을 가져야 합니다. 그래야 이미 십자
가에 못 박힌 우리의 옛 죄가 다시
우리를 주장하지 못합니다.

나누어 보기

1. 하나님의 은혜를 잃어버리는 이유가 무엇인지 나누어 보세요.

2. 하나님의 은혜를 지키는 방법이 무엇인가요?

3. 우리의 죄 문제를 해결하는 방법이 무엇인가요?

4. 예수님께서 우리의 죄 문제를 어떻게 도와주시는지 나누어 보세요.

5. 죄에서 돌이킬 수 있게 하시는 하나님의 방법이 무엇인지 나누어
   보세요.

누가복음 17:11-19

11 예루살렘으로 가실 때에 사마리아와 갈릴리 사이로 지나가시다가 12 한 마을에 들어가시니 나병환자 열 명이 예수를 만나 멀리 서서 13 소리를 높여 이르되 예수 선생님이여 우리를 불쌍히 여기소서 하거늘 14 보시고 이르시되 가서 제사장들에게 너희 몸을 보이라 하셨더니 그들이 가다가 깨끗함을 받은지라 15 그 중의 한 사람이 자기가 나은 것을 보고 큰 소리로 하나님께 영광을 돌리며 돌아와 16 예수의 발 아래에 엎드리어 감사하니 그는 사마리아 사람이라 17 예수께서 대답하여 이르시되 열 사람이 다 깨끗함을 받지 아니하였느냐 그 아홉은 어디 있느냐 18 이 이방인 외에는 하나님께 영광을 돌리러 돌아온 자가 없느냐 하시고 19 그에게 이르시되 일어나 가라 네 믿음이 너를 구원하였느니라 하시더라

5
Chapter

받은 은혜에 감사하라

우리말에 가는 정이 있어야 오는 정이 있다는 말이 있습니다. 내가 먼저 좋은 말을 해야 상대방도 좋은 말로 반응합니다. 남에게 도움을 받으면 그 고마움 때문에 자연스럽게 그 사람에게 선을 베풀고자 하는 마음이 생깁니다. 이와 달리 돈을 빌릴 때와 갚을 때 모습이 다르다는 말도 있습니다. 자기가 아쉽고 급할 때는 어떻게 해서든 도움을 받으려고 낮은 자세로 간절히 매달립니다. 그러나 막상 빌린 돈을 갚아야 할 때는 전혀 다른 모습이 된다는 뜻입니다. 이처럼 어려울 때 큰 도움을 받고도, 그 후에 자기를 도와준 사람의 마음을 애태우며 상하게 하는 사람이 있습니다. 이는 어려울 때 도와준 은혜를 악으로 갚는 것입니다.

이런 행동을 하지 않으려면 받은 은혜에 감사하는 마음을 가져야 합니다. 아무리 받은 은혜가 많아도 그것에 감사한 마음을 잃어버리면 그 은혜가 유지되지 않습니다. 그러면 자기에게 도움을 준 사람과 도리어 어려운 관계가 됩니다.

이런 일은 비단 사람들과의 관계에서만 일어나는 것은 아닙니다. 하나님과 우리의 관계에서도 마찬가지입니다. 사람들이 자기가 어려울 때는 하나님께 간절한 마음으로 금식하며 새벽과 철야로 기도하며 매달립니다. 자기 문제만 해결해주시면 무엇이든지 다 할 것처럼 하나님께 애틋한 마음을 쏟습니다. 그런데 정작 은혜를 받아 자기 문제가 해결된 다음에는 전혀 다른 모습을 보이기도 합니다.

하나님께 감사하는 마음은 온데간데없이 아무 일도 없었던 사람처럼 이전 생활로 되돌아갑니다. 그렇게 열심히 하던 기도가 시들해지고, 사모하며 기다리던 예배도 지각하며, 예배 시간에 조는 일이 일어납니다. 하나님을 위한 일에는 소극적으로 마지못해 합니다. 하나님의 은혜가 사라지면서 한동안 끊었던 육신적인 것에 다시 손을 대며, 세상 것을 위해 바쁘게 살아갑니다. 결국 은혜 받은 후에 오히려 이전보다 하나님과 관계가 더 나빠집니다.

자기가 아쉽고 어려울 때만 하나님을 찾고, 받은 은혜에 대해서는 감사하지 않음으로 그 은혜가 사라지기 때문입니다. 하나님은 받은 은혜를 모르는 이런 사람들에 대한 아픈 마음을 말씀하십니다.

이사야 1:2

하늘이여 들으라 땅이여 귀를 기울이라 여호와께서 말씀하시기를 내가 자식을 양육하였거늘 그들이 나를 거역하였도다

이사야 1:3

소는 그 임자를 알고 나귀는 그 주인의 구유를 알건마는 이스라엘은 알지

못하고 나의 백성은 깨닫지 못하는도다 하셨도다

하나님은 베푸신 은혜에 감사한 마음으로 반응하기를 원하십니다. 그것이 은혜를 베푸신 하나님께 대한 합당한 마음입니다. 받은 은혜에 감사하지 않고 아무 반응이 없는 그 자체가 완고하고 무서운 마음입니다.

본 말씀을 통해 사람들이 예수님의 은혜를 필요로 할 때와 은혜를 받은 후 어떤 반응을 해야 하는가를 살펴보고자 합니다. 하나님의 은혜는 그것에 합당한 마음으로 반응할 때, 그 은혜가 은혜로 유지될 수 있습니다.

은혜를 필요로 할 때

예수님께서 예루살렘으로 가실 때 사마리아와 갈릴리 사이로 가셨습니다. 그 때 나병 환자들이 사는 마을을 지나가게 되었습니다. 그 당시 나병은 불치병이고 율법에 부정한 병으로 정해져 사람들과의 접촉이 금지되었습니다. 율법에 따라 나병 환자들은 일반 사람들과 격리되어 진영 밖에서 혼자 따로 살아야 했습니다. 가족과 헤어져 사람들과의 접촉이 금지된 채 나병 환자들끼리 모여 사는 것은 매우 외롭고 힘든 삶입니다.

그런데 나병 환자촌 곁으로 예수님이 지나가시는 것을 그들이 보았습니다. 그들은 멀리 떨어진 거리에서도 예수님을 알아봤습니다. 그들은 전에 예수님을 본 적이 없었을 것입니다. 그들은 사람들과 접촉할 수 없었고, 다른 마을에 들어갈 수도 없었기에 오직 소문으로만 들어서 알고 있었을 것입니다. 그럼에도 불구하고 그들은 예수님께서 자기 동네로 지나가실 때 알아봤습니다. 예수님에 대한 관심과 사모하는 마음이 있었기 때문입니다.

이처럼 자신의 처지가 너무 불쌍하다는 것을 인정하는 사람에게는 자기 곁을 지나가시는 예수님이 소중하게 보입니다. 반면 스스로 문제없다 여기는 사람에게는 예수님이 아무리 가까이 오셔도 귀하게 보이지 않습니다. 예수님을 필요로 하지 않기 때문입니다. 하지만 자신의 문제를 인정하는 사람에게는 어디에서든지 예수님이 자신에게 꼭 필요한 분으로 보입니다. 예배와 말씀 가운데서도 그렇고 기도와 찬양 속에서도 그런 사람의 마음에는 예수님이 소중하게 보입니다.

그들은 예수님을 알아봤을 뿐 아니라 예수님이 그냥 지나가시지 못하도록 "예수 선생님이여 우리를 불쌍히 여기소서"라고 소리를 높여 불렀습니다. 그들은 자신의 문제를 고칠 수 있는 분은 예수님 밖에 없다는 것을 알았기에 예수님께 그렇게 부르짖을 수밖에 없었습니다. 나병이라는 자기 문제로 인해 심히 마음이 상하고 애통했기 때문입니다. 그런데 하나님 앞에서는 이렇게 상하고 애통한 마음을 가진 자가 복 있는 자라고 말씀합니다.

마태복음 5:3

심령이 가난한 자는 복이 있나니 천국이 그들의 것임이요

마태복음 5:4

애통하는 자는 복이 있나니 그들이 위로를 받을 것임이요

심령이 가난한 것이 복입니다. 심령이 가난하지 않으면 하나님께서 하실 일이 아무 것도 없습니다. 건강한 사람은 심령이 가난하지 않아서 예수님을 필요로 하지 않기 때문입니다. 그러나 나병이라는 질병을 통해서라도 애통한 마음이 들어서 예수님을 만날 수 있는 그 자체가 복입니다.

예수님이 갈릴리와 사마리아 사이를 지나가실 때 수많은 사람들이 있어도 예수님을 만나지 못한 사람들이 더 많았습니다. 그들은 예수님을 만날 이유가 없었기 때문입니다. 하지만 나병환자들은 자기 질병 때문에 애통한 마음이 있어서 예수님을 만나지 않으면 안 되었습니다. 이렇게 애통한 것이 복 있는 마음입니다. 나병 환자들이 애통해서 예수님을 만난 것처럼, 맹인과 거지와 세리가 예수님을 만났습니다. 왜냐하면 애통한 사람만 예수님을 필요로 해서 부르짖고 나오기 때문입니다.

예수님은 항상 사람들 사이로 지나가시지만 모든 사람이 예수님

을 만나는 것은 아닙니다. 오늘날 우리도 마찬가지입니다. 누구나 예배는 드릴 수 있고, 항상 성경 말씀을 가까이 하고, 기도할 수는 있습니다. 하지만 마음이 가난하고 애통한 사람만 그 예배와 기도 가운데 오시는 예수님을 만나게 됩니다.

우리 가운데 마음을 상하게 하는 일, 괴로운 일, 근심되는 일로 마음이 애통하다면 그것이 예수님을 만날 수 있는 기회가 됩니다. 마음이 가난하고 애통할 때, 자기 곁으로 지나가시는 예수님께 기도하며 부르짖을 수 있습니다.

예수님이 우리 곁으로 지나가시는 데는 우리를 향한 계획을 가지고 계시기 때문입니다. 예수님이 갈릴리와 사마리아 사이를 지나가시는 것은 그길 밖에 없어서가 아닙니다. 다른 많은 길이 있지만, 그곳에 예수님이 필요한 사람들이 있기에 그리로 지나가시는 것입니다.

예수님은 이천 년 전에만 사람들에게 찾아가신 것이 아닙니다. 지금도 우리에게 찾아오십니다. 말씀이 육신이 된 예수님은 우리에게 말씀으로 찾아오십니다. 예배와 기도와 찬양을 통해 예수님이 자기 곁으로 지나가실 때 그냥 지나가시지 않도록 부르짖어야 합니다. 예수님 이름을 소리 높여 부르짖으며 예수님을 멈춰 세워야 합니다. 예수님이 지나가시는 것을 바라보기만 하면 예수님도 그냥 지나가십니다. 그러면 내 인생의 기회도 지나가버립니다. 자신의 인생이 변화되기 원한다면 예수님이 찾아오실 그 때 그 예수님을 부르짖어 초청해야 합니다. 그러면 예수님께서 그 사람을 만나주십니다.

하나님은 우리의 문제를 해결하시기 위해 먼저 말씀으로 찾아오십니다.

히브리서 2:1
그러므로 우리는 들은 것에 더욱 유념함으로 우리가 흘러 떠내려가지 않도록 함이 마땅하니라

그래서 자기에게 주어지는 그 말씀을 그냥 흘러 떠내려 보내면 하나님이 주시는 소중한 기회가 떠내려갑니다. 자신에게 주시는 하나님의 말씀을 떠내려 보내면 자기 인생을 떠내려 보내는 것입니다. 그러면 자신에게 두신 하나님의 계획을 이룰 소중한 기회를 놓치게 됩니다. 자기에게 주어지는 그 말씀을 붙잡을 때 하나님께서 자기 인생에 두신 하나님의 계획이 이루어지는 새 일이 일어납니다. 하나님이 행하시는 새 일은 그 때 그 상황에서 자기에게 주어지는 그 말씀을 붙잡을 때 일어납니다.

자기 삶에 예수님 없이도 아무 어려움 없이 잘 사는 사람도 있습니다. 그런 삶은 축복이 아니라 가장 불행한 삶이라 할 수 있습니다. 아무 문제없는 부요함이 예수님을 필요로 하지 못하게 막고 있기 때문입니다. 그러나 비록 자기 인생에 나병과 같은 문제가 있을지라도 그것 때문에 예수님을 만날 수 있는 기회를 가지는 것이 오히려 복입니

다. 사실 우리에게 주어지는 문제 자체가 문제는 아닙니다. 그것은 우리에게 새 일을 행하기 위해 주어지는 하나의 도구이며 과정이기 때문입니다. 그 문제를 통해 하나님께 나가 부르짖으며 기도할 때 그것을 통해 하나님께서 새 일을 행하십니다. 정말 심각한 문제는 그런 문제가 있는데도 하나님께 부르짖으며 기도하지 못하고, 문제가 있는데도 애통하지 않는 그것이 문제 자체보다 더 큰 문제입니다. 심각한 문제가 있는데도 마음이 상하지 않고, 기도도 할 수 없는 그것이 그 사람에게 가장 큰 문제임을 인식해야 합니다.

은혜를 받았을 때

예수님은 나병환자들의 부르짖음을 들으시고 그들에게 "가서 제사장들에게 너희 몸을 보이라"고 말씀하셨습니다. 율법에 의하면 나병이 나은 사람은 제사장에게 가서 나았다는 확증을 받고, 필요한 정결예식을 거쳐야 합니다. 예수님이 그들에게 가서 그 절차를 밟으라고 말씀하신 것입니다. 현재 나병을 고쳐주시지 않은 상태에서 이렇게 말씀하셨습니다. 아직 나병이 낫지 않았는데 나은 사람처럼 제사장에게 가려면 큰 믿음이 필요했습니다.

그럼에도 그들은 예수님의 말씀에 순종하여 제사장에게 보이기 위해 길을 떠났습니다. 그런데 가는 도중에 그들의 몸이 깨끗함을 받았습니다. 예수님께서 그들의 순종을 보시고 고쳐주신 것입니다. 그들 자신이 병을 낫기 위해 한 것은 아무것도 없습니다. 다만 자기를 불쌍히 여겨달라고 예수님의 은혜를 구했을 뿐입니다. 예수님을 향해 간절한 마음으로 부르짖은 그 한 마디에 평생 저주에 빠져 살 수밖에 없는 자기 인생이 구원받은 것입니다. 이것을 우리는 은혜라고 말합니다. 구하는 자에게 값없이 주시는 주님의 은혜를 통해 나병의 저주가 끊어지고 인생이 바뀌게 되었습니다.

그런 은혜를 받았을 때 중요한 것은 그 은혜를 끝까지 유지하는 것입니다. 10명이 모두 똑같은 은혜를 받았지만 각 사람의 반응이 달랐고, 그에 따른 결과도 달랐습니다. 10명의 나병환자들이 다 치유의 은혜를 받았지만 예수님께 감사하러 돌아온 사람은 사마리아 이방인 한 사람뿐이었습니다. 나머지 9명의 유대인들은 큰 은혜를 받은 후 각기 자기 길로 가버렸습니다.

받은 은혜에 감사가 없는 사람

은혜를 받으면 그 은혜를 베푸신 것에 대해 감사하는 것이 자연스러운 마음입니다. 목마를 때 물 한 잔 주는 것도 고맙고 감사한데, 하물며 평생 저주받은 나병환자의 운명에서 건져주신 이 일은 그 어떤 것으로도 갚을 수 없는 큰 은혜입니다. 그런데 아홉 명의 유대인들은 그 큰 은혜를 받고도 예수님께 감사하지 않았습니다.

그들이 감사하지 않은 데는 나름대로 이유가 있을 수도 있습니다. 하나님께서 자기 백성인 유대인만 치유해 주셔야 되는데 자기들이 싫어하는 이방인 사마리아인도 동일하게 치유를 받았다는 것이 못마

땅했을 수도 있습니다. 또는 하나님께 치유받을 자격이 없는 사마리아인은 감사를 해야 마땅하지만 하나님을 잘 섬기던 유대인들은 마땅히 치유 받을 자격이 있다고 생각했을 수도 있습니다. 이처럼 자기가 하나님의 은혜를 받을 자격이 있다고 생각하는 사람은 하나님의 은혜를 당연시하며 특별히 감사할 마음을 가지지 못합니다.

또한 그들은 자신이 나병에 걸린 그 자체에 대해 하나님에 대한 쓴 뿌리를 가지고 있을 수도 있습니다. 하나님께서 유대인인 자신을 이방 사마리아인과 똑같이 나병에 걸리게 한 것에 대해 원망과 섭섭함을 품을 수 있습니다. 나병 때문에 평소 개와 같이 여기고 상종도 하지 않는 이방인과 함께 지내야 했던 그 사실이 매우 자존심이 상하여 분노하며 힘들었을 수도 있습니다. 그런 상처가 있으면 하나님의 은혜를 받았을 때 그동안의 삶에 대한 억울함과 피해의식으로 도리어 화가 날 수도 있습니다. 자신이 나병환자였다는 그 자체가 너무나 수치스럽고 자존심이 상하기 때문입니다.

그런 사람은 예수님께 감사하는 마음보다 빨리 보고 싶은 가족과 친구들을 만나고, 그동안 먹지 못한 것을 실컷 먹고, 하지 못했던 것을 마음껏 하고자 하는 것만 생각했을 것입니다. 자신을 고쳐주신 예수님에 대한 감사한 마음은 온데간데없고 오직 자기 생각만 하는 것입니다. 이처럼 자기중심적인 사람은 다른 사람이 자기를 섬겨주고 도와준 것에 대해 감사하는 마음이 없습니다. 감사하지 못하는 사람의 문제는 다른 사람의 입장을 생각하기보다 자기 생각만 하는 지극히 자기중심적인 마음을 가지고 있습니다. 그래서 물에 빠진 사람 건져냤더니 보따리 내놓으라고 한다는 옛 말이 있게 된 것입니다.

그들이 나병에 걸렸을 때는 죄를 지을 수 있는 건강도 없고, 세상 것을 즐길 수 있는 형편도 되지 못했습니다. 오직 나병 때문에 마음이 낮아진 채 애통한 심령으로 하나님께만 매달릴 수밖에 없는 상황이었습니다. 그러던 그들이 하나님의 은혜로 병이 낫게 된 후에 그들의 삶은 달라지게 되었을 것입니다. 건강해진 몸으로 먹고 싶은 것 먹고, 하고 싶은 것 하고, 온갖 죄를 지으며 자유롭게 살 수 있었을 것입니다. 받은 은혜에 대해 하나님께 감사한 마음이 없으면 주어진 건강으로 자기 육체를 위한 삶을 살게 됩니다. 그러면 하나님 앞에서는 이전보다 더 나쁜 영적 상태가 됩니다.

이렇게 은혜를 받아도 은혜에 합당한 삶을 살지 않으면 결국 그것이 자기 영혼을 망치는 육체의 도구가 됩니다. 받은 은혜에 감사하는 마음이 없으면 그 은혜를 유지하는 것은 어렵습니다. 받은 은혜에 감사를 모르는 그런 인색한 마음에 좋은 열매가 맺히지 않습니다. 감사를 모르는 그 자체가 악한 마음이기 때문입니다. 악한 마음 밭에는 좋은 씨를 뿌려도 좋은 열매가 나오지 않습니다. 길가 밭, 돌밭, 가시밭에는 아무리 좋은 씨를 뿌려도 열매를 거둘 수 없습니다. 오직 좋은 마음 밭에 뿌린 씨만 열매가 주어집니다. 주님이 주시는 은혜를 귀하게 받는 마음 밭에서 30배, 60배, 100배의 열매가 주어집니다. 주님이 주신 은혜를 귀히 여기는 좋은 마음을 가진 사람에게만 그 받은 은혜가 끝까지 은혜 되는 것입니다.

받은 은혜에 감사하는 사람

10명의 나병환자 중 한 사람은 길 가다 자기가 나은 것을 깨달은 즉시 큰 소리로 먼저 하나님께 영광을 돌렸습니다. 그리고 계속 하나님께 영광 돌리면서 가던 길을 되돌아와 예수님의 발아래 엎드려 감사했습니다. 그 사람은 이방 사마리아 사람이었습니다. 당시 사마리아 사람들은 유대인들로부터 멸시를 받으며 서로 상종도 하지 않았습니다. 그는 그동안 나환자촌에서 자기를 멸시하는 유대인들과 같이 지냈습니다. 그곳에서 나병을 앓는 것만으로도 고통스러운데 게다가 유대인들로부터 차별과 배척받는 고통까지 받았을 것입니다. 평소에는 마주칠 일이 없었던 유대인을 나병 때문에 그들과 함께 살며 온갖 멸시를 받아야 했을 것입니다. 그는 유대인들을 통해 하나님께서 유대인을 특별히 사랑하신다는 것과 사마리아인인 자신은 차별하신다는 것을 뼈저리게 느꼈을 것입니다.

그렇기에 사마리아인은 예수님께서 아홉 명의 유대인들만 치유해 주신다고 해도 당연하게 여겼을 것입니다. 자기는 신분적으로 하나님의 은혜를 받을 자격이 없다고 생각했기 때문입니다. 그는 제사장에게 보이려 갈 때만 해도 자기에게 치유가 일어날 기대조차 하지 못했을 것입니다. 그런데 순종해서 길을 갔을 때 유대인들 뿐 아니라 자신도 치유를 받은 것에 너무 놀랐을 것입니다. 이방인인 자신을 차별하지 않으시고 같은 은혜를 주신 예수님께 너무 감사한 마음에 감격했을 것입니다. 이것이 치유의 은혜를 당연히 여기며 감사가 없는 유대인들과는 전혀 다른 반응을 보일 수밖에 없는 이유입니다. 그는 너무 기쁘고 감사해서 그 마음을 그냥 누르고 있을 수 없었습니다. 그 즉시 가던 발길을 돌려 예수님께로 돌아와서 그 앞에 엎드려 감사했습니다. 그는 자신이 자격이 없다고 생각했기 때문에 더욱 감사가 넘쳤을 것입니다.

이처럼 예수님은 은혜 받을 자격이 없는 이방인인 이 사마리아인까지도 차별하지 않으시고 고쳐주셨습니다. 하나님의 은혜는 자기의 어떤 자격이나 공로로 받는 것이 아닙니다. 어떤 자격이나 공로를 주장하는 사람은 하나님의 은혜까지도 자신이 가지고 있는 그런 자격으로 받는다고 생각합니다. 그러면 하나님의 은혜를 받고도 감사가 없고 마땅하게 여깁니다. 그가 받은 은혜는 자기가 한 것에 대한 정당한 대가일 뿐이기 때문입니다. 하지만 은혜는 오히려 받을 자격이 없는 사람에게 주어질 때 그것이 은혜가 됩니다. 그래서 하나님은 받을 자격 없는 자기에게 은혜가 넘치게 하심으로 하나님께 감사가 넘치게 하십니다.

예수님은 하나님께 영광 돌리면서 감사하기 위해 온 그 사마리아인에게 "열 사람이 다 깨끗함을 받지 아니하였느냐 그 아홉은 어디

있느냐"라고 말씀하셨습니다. 예수님은 똑같이 은혜 받은 나머지 아홉 명도 돌아와서 감사하기를 기다리신 것입니다. 예수님의 관심은 나병환자들이 치유의 은혜를 받은 그 자체보다는 은혜를 받은 자의 반응과 태도를 보시고자 했기 때문입니다. 예수님은 치유의 은혜를 받은 그들이 어떻게 반응하는지 보시기 위해 예루살렘으로 바로 가시지 않고, 그 자리에 머물러 기다리고 계셨던 것입니다. 예수님은 똑같은 은혜를 받은 나머지 9명도 와서 감사하기를 기다리신 것입니다.

이처럼 주님은 은혜받은 자의 마음 중심을 보기 원하십니다. 우리 편에서는 은혜받아 그것으로 문제가 해결되면 모든 것이 끝난 것으로 생각하지만, 예수님 편에서는 아직 끝난 것이 아닙니다. 은혜 받은 자가 어떻게 반응 하는지, 계속 그 사람의 마음 중심을 주시하고 계십니다.

예수님은 자기 앞에 엎드려 감사하는 사마리아인에게 "일어나 가라 네 믿음이 너를 구원하였느니라"고 하셨습니다. 구원이라는 단어는 죄에서의 구원뿐만 아니라 악한 영으로부터 해방되거나, 질병에서 치유 받는 것도 의미합니다. 예수님의 이 말씀은 그 사마리아 사람에게 네 병이 나았다라고 말씀하신 것입니다. 예수님은 10명의 나병환자 중 감사하는 이 한 사람에게만 질병이 온전히 나았다고 선포하셨습니다. 물론 치유는 그들이 말씀에 순종해서 길을 갈 때 일어났습니다. 하지만 치유를 받고도 그것을 유지하지 못하면 그 뒤에 얼마든지 다시 재발할 수도 있습니다. 치유 받은 그 상태가 저절로 계속 유지되는 것은 아닙니다.

받은 은혜에 감사하는 마음이 없으면 그 은혜를 배반하는 죄를 짓게 됩니다. 감사하지 않는 그 자체가 이미 악한 마음, 배반의 마음을 품고 있는 것이기 때문입니다.

시편 41:9
내가 신뢰하여 내 떡을 나눠 먹던 나의 가까운 친구도 나를 대적하여 그의 발꿈치를 들었나이다

받은 은혜를 배반하는 것은 은혜를 준 사람에게 악하게 대하는 죄입니다. 그동안 하나님으로부터 받은 은혜가 있다면 그 은혜에 감사함으로 그 은혜가 은혜 되게 해야 합니다. 주님은 우리가 그동안 받은 은혜를 기억하고 감사하기를 기다리고 계십니다. 그것을 통해 은혜를 베푸신 하나님과 좋은 관계를 맺으며 우리 삶에 좋은 열매가 맺히기 때문입니다.

또한 다른 사람들에게 받은 은혜에 대해 감사할 때 관계의 선한 열매가 나타납니다. 자기를 낳아 키워주신 부모님, 자기를 감당하며 섬겨준 배우자, 자신의 신앙을 위해 헌신하며 섬겨준 사람들에게 감사할 때 서로 사랑과 은혜의 관계가 유지됩니다.

하지만 귀하게 받은 은혜를 마땅히 여기면 감사가 사라집니다. 부모님의 수고와 헌신을 마땅히 여기고, 배우자의 섬김과 사랑을 마땅히 여기면 감사할 것이 없습니다. 부모님이니까 당연히 그렇게 해 주셔야 한다고 생각하면 감사가 없어질 뿐 아니라 불평을 불러오는 원인이 됩니다. 남편과 아내 사이에도 당연히 해주는 것으로 여기면 감사가 없어지고 서로에게 신뢰와 사랑이 없어지면서 불만거리가 쌓이게 됩니다.

하나님 나라의 영적 원리는 주는 자가 받는 자보다 복되다는 것입니다. 우리가 속한 하나님 나라의 원리는 섬기는 자가 섬김받는 자보다 큰 자가 되는 것입니다. 이 세상의 원리와는 정반대입니다. 세상은 주는 것 보다 받는 것이 많은 사람이 복되다고 말합니다. 그래서 남의 것을 많이 받고 빼앗으려고 하는 반면에 베풀며 섬기고 주는 것에는 인색합니다. 그것이 유익이 되는 처세술이요 지혜로운 계산법이라 생각합니다. 그러나 그것으로 인해 얻는 것보다 잃는 것이 더 많습니다. 인간관계가 계산적이고, 인색하며, 경쟁적이어서 서로가 서로에 대해 적대적인 관계가 되게 합니다. 하지만 영적으로는 자기가 받는 것보다는 주고 섬기는 것이 많아야 자신에게 유익이 됩니다. 반대로 늘 받기만하고 주는 것이 없는 사람은 인색하고 궁색하여 초라한 인생이 됩니다. 그런 사람은 늘 받으면서도 감사가 없고 불평만 늘어가기 때문에 스스로 불행한 삶을 살게 됩니다.

꼭 무엇을 많이 받아야 행복하게 되는 것은 아닙니다. 오히려 다른 사람을 섬기고 주는 그 마음에 행복이 주어집니다. 우리 마음의 행복은 하나님이 주관하시는 것이지 주고받는 물질이 주관하는 것이 아니기 때문입니다.

받은 은혜에 감사하는 사람은 받은 것 자체보다 감사하는 그 마음 때문에 기쁨과 은혜가 넘치게 됩니다. 감사하는 마음에 하나님이 복을 주시기 때문입니다.

지금까지 자신에게 주신 하나님의 은혜를 헤아려 보아야 합니다. 그리고 그 받은 은혜에 어떻게 반응하며 감사했는지를 돌아보아야 합니다. 왜냐하면 주님은 그동안 우리가 받은 은혜에 감사하는 마음을 받으시려고 여전히 그 자리에 서 계시기 때문입니다. 우리가 지금까지 받은 것에 감사하는 그 마음이 받은 은혜를 은혜 되게 합니다.

하나님으로부터 받은 은혜가 있
다면 그 은혜에 감사함으로 그 은혜
가 은혜 되게 해야 합니다. 주님은 우
리가 그동안 받은 은혜를 기억하고
감사하기를 기다리고 계십니다. 그것
을 통해 은혜를 베푸신 하나님과 좋
은 관계로 우리 삶에 좋은 열매가 맺
히기 때문입니다.

나누어 보기

1. 예수님의 은혜를 받고도 감사하지 않는 사람의 마음에 대해 나누
   어 보세요.

2. 받은 은혜에 감사하는 사람의 마음에 대해 나누어 보세요.

3. 받은 은혜로 풍성하게 사는 영적 원리가 무엇인지 나누어 보세요.

히브리서 12:5-11

5 또 아들들에게 권하는 것 같이 너희에게 권면하신 말씀도 잊었도다 일렀으되 내 아들아 주의 징계하심을 경히 여기지 말며 그에게 꾸지람을 받을 때에 낙심하지 말라 6 주께서 그 사랑하시는 자를 징계하시고 그가 받아들이시는 아들마다 채찍질하심이라 하였으니 7 너희가 참음은 징계를 받기 위함이라 하나님이 아들과 같이 너희를 대우하시나니 어찌 아버지가 징계하지 않는 아들이 있으리요 8 징계는 다 받는 것이거늘 너희에게 없으면 사생자요 친아들이 아니니라 9 또 우리 육신의 아버지가 우리를 징계하여도 공경하였거든 하물며 모든 영의 아버지께 더욱 복종하며 살려 하지 않겠느냐 10 그들은 잠시 자기의 뜻대로 우리를 징계하였거니와 오직 하나님은 우리의 유익을 위하여 그의 거룩하심에 참여하게 하시느니라 11 무릇 징계가 당시에는 즐거워 보이지 않고 슬퍼 보이나 후에 그로 말미암아 연단 받은 자들은 의와 평강의 열매를 맺느니라

은혜로 주어지는 마지막 기회

이 세상에 가장 강한 사랑이 있다면 자녀에 대한 부모의 사랑일 것입니다. 부모는 자기를 희생해서라도 자녀가 잘 되기를 바라는 마음이 있습니다. 자녀가 잘되는 일이라면 어떤 희생과 대가를 치르면서도 그 일을 하고자 합니다. 그런 부모의 마음을 나타내는 한 예가 성경에 기록된 솔로몬의 재판입니다.

두 여자가 한 집에 살면서 비슷한 시기에 서로 아이를 낳았습니다. 그런데 한 여자는 자기 아들 위에 누움으로 그 아이가 죽었습니다. 그 여자가 밤에 자는 사이에 몰래 자기 죽은 아이와 다른 여자의 아이를 바꿔치기 했습니다. 두 여자는 서로 산 아이를 자기 아이라고 주장했습니다. 이 아이가 어느 여자의 아이인가를 정확하게 재판을 해야 할 상황이 되었습니다. 요즈음 같으면 유전자 검사로 금방 판단할 수 있겠지만 그 당시에는 쉽지 않은 일이었습니다.

두 여자가 이 일로 재판을 받기 위해 솔로몬 왕에게 나왔습니다. 솔로몬은 산 아이를 칼로 나누어 두 여자에게 공평하게 반씩 주라고 했습니다. 그때 자기 아이가 아닌 여자는 자기 것도 되지 말고, 그 여자의 것도 되지 말게 나누자고 했습니다. 그러나 그 아이의 엄마는 아이를 위한 마음이 불붙는 것 같았습니다. 그 아이의 친 엄마는 왕에게 아이를 죽이지 말고 차라리 상대 여자에게 주라고 했습니다. 아이의 엄마는 아이가 죽는 것은 절대 받아들일 수 없었기에 소중한 자기 아이의 소유권을 포기하면서까지 자기 아이를 살리려 했습니다. 이것이 자기 자녀를 사랑하는 부모의 마음입니다. 그것으로 누가 그 아이의 엄마인지 드러나게 되었습니다.

부모는 어떤 상황에서도 자기 자녀가 잘되는 것을 위해서라면 모든 희생을 감당하려고 합니다. 요즈음 부모는 경제적으로 아무리 힘들어도 자녀들에게 유명한 메이커의 신발과 옷을 사주면서까지 자기를 희생하기도 합니다. 또한 이런 자녀에 대한 부모의 사랑은 자기 자녀가 잘못된 길을 갈 때는 끝까지 죄에서 돌이키도록 도우려 합니다. 계속 좋은 말로 권해도 듣지 않으면 경고를 하고, 경고를 해도 듣지 않을 때는 매를 들기도 합니다. 최선의 방법으로도 안 되면, 최후의 방법을 통해서라도 자기 자녀가 죄에서 돌이키도록 돕습니다. 자녀에 대한 진정한 사랑은 죄에 빠진 자녀를 방치하는 것이 아니라 그 죄에서 자녀를 건지는 것이기 때문입니다.

이와 같이 하나님은 우리가 죄를 지었을 때 여러 가지 방법으로 우리가 그 죄에서 돌이킬 수 있는 기회를 주십니다. 그리고 끊임없는 사랑과 용서로 오래 참으며 기다리십니다. 그때 그때 전해지는 하나님의 말씀을 통해 자기 문제를 깨닫게 하시어 돌이킬 기회를 주시기도합니다. 또한 영적 리더를 통한 권면과 기도와 성령을 통해 주어지는경고로 돌아오게 하시기도 합니다. 하나님께서 주시는 그런 기회를 계속 무시하고, 거부하면 그 죄의 결과에 대한 심판을 경고하십니다. 그리고 이런 경고를 받고도 끝까지 돌이키는 것을 거부하면 징계라는 최후의 방법을 통해서라도 돌이킬 기회를 주십니다.

우리 옛말에 호미로 막을 것을 가래로 막는다는 말이 있습니다. 간단하게 해결할 수 있는 일을 더 크게 만들어 나중에 큰 고생을 하게 된다는 뜻입니다. 이처럼 하나님께서 주시는 권면의 말씀에 순종하면 간단하게 해결될 문제를 그 말씀을 듣지 않음으로 더 큰 문제를 만들게 됩니다.

마음이 겸손한 사람은 죄를 지어도 매를 덜 맞고 순히 돌이킵니다. 반면 마음이 완고하여 고집이 센 사람은 많은 매를 맞은 후 만신창이가 되어서야 돌이킵니다. 하나님은 한 영혼도 멸망하는 것을 원치 않으시기 때문에 아픈 값 지불을 통해서라도 죄인을 끝까지 구원하고자 하십니다. 이것이 자기 자녀를 끝까지 사랑하시는 아버지의 마음입니다.

모든 상황 속에서 자신을 도우시는 아버지의 사랑을 깨달을 때 비로소 자기 죄를 깨닫고 아버지께로 돌이키게 됩니다. 하나님이 우리를 얼마나 오래 참으시고, 포기하지 않고 관심을 가지고 계시는지를 알게 될 때 하나님의 사랑 때문에 다시 돌아갈 수 있습니다.

현재 자신에게 주어진 어려운 상황, 이해할 수 없는 고난이 있다면 하나님의 사랑을 깨달을 수 있는 기회가 됩니다. 집을 나간 둘째 아들은 아버지 집에서 편하게 있을 때는 그 아버지의 사랑을 알지 못했습니다. 그러나 그는 아버지 집을 떠나 극심한 고난과 궁핍을 통해서 오히려 자기 죄를 깨닫고 아버지의 사랑을 알게 되었습니다. 하나님은 고난을 통해 우리가 망하기를 바라시는 것이 아니라 하나님의 사랑을 깨닫기 원하십니다. 그 고난을 통해서라도 우리가 죄의 고통에서 돌이켜 다시 주님의 은혜 안에 살기를 원하십니다. 그것이 우리를 향하신 하나님의 사랑입니다.

징계

히브리서 12:5

또 아들들에게 권하는 것 같이 너희에게 권면하신 말씀도 잊었도다 일렀으되 내 아들아 주의 징계하심을 경히 여기지 말며 그에게 꾸지람을 받을 때에 낙심하지 말라 하나님은 그동안 고난을 통해 주신 권면의 말씀을 잊어버린 것을 경고하고 있습니다. 주님께서 고난을 통해 주시는 징계를 가볍게 여기면 더 큰 문제가 되기 때문입니다.

하나님께서 말씀과 성령을 통해 죄에서 돌이킬 기회를 주었으나 그것을 거부하면, 다른 방법으로 도우십니다. 하나님은 사람을 통해 주시는 권면을 듣지 않으면 하나님께서 직접 그 사람을 다루십니다. 그러면 사람의 손에서 다루어지는 것보다 훨씬 더 고통스럽고 상황이 심각하게 됩니다. 그때 하나님이 사용하시는 방법이 징계입니다.

의사가 환자를 치료할 때 처음에는 환자에게 부담을 적게 주는 방법으로 치료하려고 합니다. 처음부터 수술하는 방법보다 먼저는 약으로 처방하고, 술과 담배를 끊고 관리를 잘 하도록 권면할 것입니다. 그러나 그 약으로 치유되지 않는 환자에게는 조금 더 강한 처방을 합니다. 그리고 그것마저 효과가 없으면 부득이 수술이라는 방법을 사용합니다. 그것은 더 고통스럽고 값 지불이 크지만 환자를 살리기 위해서는 그렇게 할 수밖에 없습니다.

수술이 물론 고통스럽기는 하지만 그래도 그것은 수술을 통해 고쳐질 가능성이 있는 환자에게만 시행하는 최후의 수단입니다. 아예 수술로도 가능성이 없는 환자는 수술도 하지 않고 그냥 집으로 돌려보냅니다. 의사도 포기한 그런 상태가 가장 최악의 상태입니다. 의사가 포기하지 않고, 수술이 가능한 그것이 마지막 은혜입니다.

히브리서 12:6

주께서 그 사랑하시는 자를 징계하시고 그가 받아들이시는 아들마다 채찍질하심이라 하였으니

히브리서 12:7

너희가 참음은 징계를 받기 위함이라 하나님이 아들과 같이 너희를 대우하시나니 어찌 아버지가 징계하지 않는 아들이 있으리요

히브리서 12:8

징계는 다 받는 것이거늘 너희에게 없으면 사생자요 친아들이 아니니라

징계는 하나님이 자기 아들로 받아들이는 사랑하는 아들에게 하신다고 했습니다. 죄를 짓는 데도 징계가 없으면 친 아들이 아니라는 뜻입니다. 아버지는 죄에 빠진 사랑하는 자기 아들을 살리기 위해 징계합니다. 옆집 아저씨는 듣기 좋은 말을 해줄 수는 있지만, 잘못에 대해 징계는 하지 않습니다. 자기 아들이 아니기 때문입니다.

잠언 13:24

매를 아끼는 자는 그의 자식을 미워함이라 자식을 사랑하는 자는 근실히 징계하느니라

죄를 지을 때 징계가 주어지는 것은 하나님이 아직 나를 포기하지 않으신다는 사랑의 표시입니다. 의사가 고칠 가능성이 있는 사람을 수술하는 것과 같이 하나님은 고치시기로 작정하신 사람을 징계하십니다. 우리가 죄를 짓는 데도 징계조차 없는 것은 아예 소망이 없기 때문입니다. 죄를 짓는데도 오히려 세상적으로 잘되고 있다면 그것은 축복이 아니라 재앙의 전조입니다. 죄를 짓는데도 하나님이 내버려두시는 것이 가장 최악의 상태이기 때문입니다.

징계는 죄에 빠진 자기 아들을 끝까지 구하려는 하나님의 사랑에서 주어집니다. 이것이 많은 사람들이 징계를 통해 하나님의 사랑을 깊이 체험하고 예수님께 돌아오는 이유입니다. 어떤 사람은 극심한 고난을 통해 묵은 종교생활에서 새로운 신앙으로 회복되기도 하고, 어떤 사람은 편한 집에서는 아무 믿음도 없이 세상적으로 살던 사람이 병원 중환자실에서 예수를 뜨겁게 영접하기도 합니다. 또 다른 사람은 극심한 경제적인 파탄을 당하거나 자기 힘으로 해결할 수 없는 심각한 가정 문제를 통해 자기 죄를 회개하고 하나님 품으로 돌아오기도 하고, 어떤 사람은 인생의 막다른 길에 들어선 감옥에서 예수를 믿고 그 인생이 역전되기도 합니다.

이런 것을 볼 때 징계가 우리를 회복시키고자 하는 하나님의 사랑의 표시이며, 은혜의 수단임을 알 수 있습니다. 환난과 고난이라는 징계를 통해 자기 죄를 회개하게 되는 그 자체가 징계로 주어지는 하나님의 은혜입니다. 이처럼 고난은 우리를 육체의 죄에서 돌이키게 하는 강력한 수단이며, 이것이 하나님께서 징계를 주시는 목적입니다.

시편 119:67
고난 당하기 전에는 내가 그릇 행하였더니 이제는 주의 말씀을 지키나이다

죄를 그치게 하기 위해 고난을 주시는 것이지, 우리를 미워하셔서 징계하시는 것이 아닙니다. 징계로 주어지는 고난은 저주로 주어지는 고난과 다르며, 훈련을 위해 주어지는 고난과도 다릅니다. 징계는 죄를 짓는 자에게 저주가 아니라 축복의 기회를 주시는 것입니다.

징계는 자기 스스로 돌이킬 수 없는 죄인을 고치시는 하나님의 방법입니다. 그러므로 하나님으로부터 징계가 주어질 때 그것을 가볍게 여기지 말아야 합니다. 그 기회를 놓치면 더 심각한 상태가 되기 때문입니다. 이런 징계가 힘들다고 낙심해서도 안 됩니다. 오히려 징계가 자신을 고치시려는 하나님의 사랑이라는 것을 기억하고, 자신의 삶을 새롭게 하실 하나님에 대한 믿음과 소망을 가져야 합니다.

히브리서 12:11
무릇 징계가 당시에는 즐거워 보이지 않고 슬퍼 보이나 후에 그로 말미암아 연단 받은 자들은 의와 평강의 열매를 맺느니라

징계로 주어지는 고난을 좋아할 사람은 아무도 없습니다. 하지만 하나님이 주시는 징계를 선하게 받으면 그것을 통해 자기 스스로 해결할 수 없는 고질적인 자기 죄 문제를 해결 받을 수 있습니다. 이것이 징계가 주는 특혜입니다.

하나님에 대한 믿음이 확고한 사람들은 대부분 고난을 통해 주님을 깊이 만난 경험이 있습니다. 징계를 통해 하나님의 사랑을 깊이 경험함으로 신앙이 새로운 차원으로 도약하게 되기 때문입니다. 이처럼 징계는 그것을 잘 감당하는 자들에게 의와 평강의 선한 열매를 맺게 하는 하나님의 사랑의 방편입니다.

인간은 모두 죄인입니다. 죄인은 죄를 안 짓고 살 수 없는 연약한 자들입니다. 그러나 그 죄에 대한 반응에 따라 자신의 영원한 운명이 결정됩니다. 자기 죄에 대한 경고를 받아 그 죄에서 돌이키는 사람과 그 경고를 무시한 채 죄에 매여 사는 사람의 운명은 전혀 달라집니다. 죄를 지을 때 마음을 겸손히 하여 하나님께서 주시는 권면의 말씀을 듣는 것이 망하는 삶에서 다시 살아나는 길입니다. 그것이 하나님의 손에 빠지지 않고 사람의 손에서 돌이키는 지혜입니다.

히브리서 10:31
살아 계신 하나님의 손에 빠져 들어가는 것이 무서울진저 마음이 완고하여 사람을 통해 주시는 말씀을 듣지 않으면 하나님이 직접 다루십니다. 그러면 감당해야 할 값 지불이 심각하게 됩니다. 하나님은 우리를 어떻게 다루는 것이 가장 효과적인지 우리 체질을 잘 알고 계십니다. 그래서 우리에게 있는 가장 소중한 것이나, 우리에게 가장 크게 영향을 줄 수 있는 것들을 사용하여 우리가 피할 수 없는 방법으로 다루십니다.

물질에 매여있는 사람에게는 재정 파산이라는 가혹한 물질의 고난을 통해 우리를 다루기도 하시고, 육신의 것으로 마음이 부한 사람에게는 육신의 질병이나 사고를 통해서 우리를 다루시기도 합니다. 또 어떤 사람은 가장 사랑하는 자녀를 통해 아픔을 겪게 하기도 하고, 사랑하는 남편과 아내 사이에 불화와 갈등을 겪게 하기도 하며, 부모 형제 사이의 어려운 문제를 통해 징계를 하시기도 합니다. 그뿐 아니라 사람을 좋아하는 사람에게는 자기가 가장 신뢰하고 아끼는 사람으로부터 쓰디쓴 아픔을 당하기도 하고, 자기가 도움을 준 사람을 통해 이해할 수 없는 억울한 배신을 당하기도 합니다. 또 어떤 사람은 불의의 사고와 사건을 통해 갑작스러운 재앙을 겪기도 합니다.

시편 107:10
사람이 흑암과 사망의 그늘에 앉으며 곤고와 쇠사슬에 매임은
시편 107:11
하나님의 말씀을 거역하며 지존자의 뜻을 멸시함이라

시편 107:12

그러므로 그가 고통을 주어 그들의 마음을 겸손하게 하셨으니 그들이 엎드러
져도 돕는 자가 없었도다

사람마다 모양과 방법은 다르지만, 우리가 흑암과 사망의 그늘에 앉으며 곤고와 쇠사슬에 매이는 징계는 하나님의 말씀을 거역하며 하나님의 뜻을 멸시하는 것 때문에 주어집니다. 하나님께서 징계를 통해 그 높아진 마음을 꺾어 겸손케 함으로 회개할 기회를 주기 원하시기 때문입니다.

자신에게 주어지는 이해할 수 없는 고난이 올 때는 마음을 겸손하게 해야 그 문제를 해결할 수 있습니다. 고난이 주어질 때 오히려 마음을 낮추고 그동안 베풀어 주신 하나님의 사랑과 은혜를 돌아보아야 합니다. 하나님께서 지금까지 예배 말씀과 주위 사람들을 통해서 끊임없이 권면하시고 경고해온 것을 생각해 보아야 합니다. 그동안 수없이 하나님의 말씀을 거역하며, 하나님의 뜻을 알고도 거역한 것들이 얼마나 많았는가를 돌이켜 보아야 합니다. 그곳에 자기 인생 문제의 원인이 있기 때문입니다.

하나님이 주시는 고난은 우리가 엎드러져도 도울 자가 없게 하십니다. 그래서 가까운 부모나 형제도 도울 수 없고, 자기 남편과 아내조차 도와줄 수 없는 상황이 됩니다. 아무리 몸이 아파도 X-Ray,

M.R.I 검사를 통해서도 어떤 병명이나 그 이유를 알 수 없게 하여 의사도 도울 수 없게 하십니다. 겸손히 마음을 꺾어 오직 하나님께만 나오게 하기 위해서입니다.

고난이 주어질 때 마음을 낮추고 자신의 삶이 어디에서 떨어지기 시작했는지를 생각해 보아야 합니다. 자기가 떨어진 그곳에서 다시 회개하고 주님께 돌아가야 합니다. 받은 은혜에서 떨어진 그것이 문제의 출발이기 때문입니다.

예수님께서 어느 날 베데스다 연못 가에 가셨습니다. 거기에는 38년 된 병자가 자리에 누워있었습니다. 예수님께서 그 불쌍한 병자를 고쳐주셨습니다. 그 병자는 한 순간에 38년 동안 심각한 병으로 고통 받던 삶에서 치유되는 은혜를 받았습니다. 그 후 예수님께서 성전에서 그를 다시 만났습니다. 그때 예수님께서 그에게 더 심한 것이 생기지 않게 다시는 죄를 범하지 말라고 하셨습니다. 그가 고치지 못할 심각한 불치병으로 38년 동안 자리에 누워있어야 하는 징계의 원인이 죄 때문인 것을 말씀하신 것입니다. 그는 그 죄의 징계로 38년 동안 값비싼 대가를 치르는 삶을 살았습니다.

그러므로 그가 받은 치유의 은혜를 유지하기 위해 다시는 죄를 범치 말라고 말씀하셨습니다. 치유 받은 후 그 은혜를 유지하기 위해 다시 옛 사람의 죄를 짓지 말아야 합니다. 받은 은혜를 유지하지 못하고 다시 예전과 같이 죄를 지으면 38년 된 그 병보다 더 심하게 될 것을 경고하신 것입니다.

그가 받은 은혜를 유지하는 방법은 더 심한 것이 생기지 않게 다시는 죄를 범치 않는 것입니다. 받은 은혜를 유지하지 못하고 옛 죄에 다시 빠지면 이전보다 더 심한 상태가 된다고 경고합니다.

베드로후서 2:20

만일 그들이 우리 주 되신 구주 예수 그리스도를 앎으로 세상의 더러움을 피한 후에 다시 그 중에 얽매이고 지면 그 나중 형편이 처음보다 더 심하리니

베드로후서 2:21

의의 도를 안 후에 받은 거룩한 명령을 저버리는 것보다 알지 못하는 것이 도리어 그들에게 나으니라

베드로후서 2:22

참된 속담에 이르기를 개가 그 토하였던 것에 돌아가고 돼지가 씻었다가 더러운 구덩이에 도로 누웠다 하는 말이 그들에게 응하였도다

예수 그리스도를 앎으로 세상의 더러운 죄를 떠나 새 삶을 받은 후 다시 옛 삶으로 돌아가면 처음보다 더 심한 상태가 됩니다. 이미 은혜를 받아 주님의 사랑을 알고도 고의적으로 지은 죄는 더 심각하기 때문입니다. 하나님의 귀한 은혜를 받고도 그것을 소중하게 여기지 않으면 그로 인해 더 큰 고통이 주어집니다.

히브리서 10:38

나의 의인은 믿음으로 말미암아 살리라 또한 뒤로 물러가면 내 마음이 그를 기뻐하지 아니하리라 하셨느니라

히브리서 10:39

우리는 뒤로 물러가 멸망할 자가 아니요 오직 영혼을 구원함에 이르는 믿음을 가진 자니라

귀한 은혜를 받고 믿음이 없어 뒤로 물러가면 멸망하는 자가 됩니다. 실제로 한동안 신앙을 잘 하다가 타락한 사람은 불신자보다 더 악하게 변하는 것을 볼 수 있습니다. 그러므로 그런 악한 자가 되지 않기 위해서는 징계를 통해서라도 돌이키는 것이 낫습니다. 징계는 우리가 받은 은혜를 다시 회복할 수 있는 마지막 기회입니다. 우리에게 주어지는 징계는 하나님의 은혜에서 떨어지는 것을 막아주시기 위한 하나님의 최후 방편입니다.

심판

징계를 통해 자기 죄를 회개하는 사람에게는 그로 인해 이전보다 더 큰 주님의 은혜가 주어지지만 그것을 거부하는 사람에게는 무서운 심판이 주어집니다. 그런 사람에게는 더 이상 하나님의 은혜의 기회가 막히게 됩니다. 그것은 오래 참으시는 하나님의 자비와 예수님의 십자가를 멸시하고, 성령을 거스르는 죄이기 때문입니다.

잠언 29:1

자주 책망을 받으면서도 목이 곧은 사람은 갑자기 패망을 당하고 피하지 못하리라

하나님의 징계에 계속 마음을 완고하게 하는 상태는 마치 암이 온몸에 퍼져 수술도 불가능한 상태가 된 것과 같습니다. 비록 고통이 있지만 몸에 통증을 통해 자기 병을 인정하고 미리 치유를 받을 수 있는 것이 하나님의 은혜입니다. 그런 모든 통증의 신호를 받으면서도 그것을 무시한 채 갑자기 말기 상태를 맞는 것은 불행한 것입니다. 이처럼 자주 책망을 받으면서도 하나님 앞에 목이 곧은 것은 악한 죄를 지으면서도 아무 문제의식을 가지지 못하고 살아가는 사람입니다. 그런 사람은 때가 되어 갑자기 패망이 올 때는 그것을 피하지 못하게 됩니다.

하나님이 베푸시는 마지막 기회인 징계를 가볍게 여기는 사람에게는 어느 날 갑자기 심판이 임합니다. 끝까지 하나님의 은혜를 멸시하며 하나님의 징계조차도 무시하는 사람에게 주어지는 마지막 단계는 심판 밖에 없기 때문입니다.

특별히 하나님 앞에 악한 것은 그동안 베풀어 주신 사랑과 은혜를 받았으면서도 그 은혜를 배반하며 고의적으로 짓는 죄입니다. 하나님의 치유의 은혜도 받고, 여러 가지 많은 도움을 다 받고도 그 은혜를

배반하는 죄는 더 큽니다. 하나님의 뜻을 알지 못하여 짓는 죄와 이런 은혜를 알고도 지은 죄는 다르기 때문입니다.

누가복음 12:47
주인의 뜻을 알고도 준비하지 아니하고 그 뜻대로 행하지 아니한 종은 많이 맞을 것이요

누가복음 12:48
알지 못하고 맞을 일을 행한 종은 적게 맞으리라 무릇 많이 받은 자에게는 많이 요구할 것이요 많이 맡은 자에게는 많이 달라 할 것이니라

하나님의 사랑을 알아갈수록 그에 대한 책임도 더 많아지며, 하나님의 은혜를 많이 받을수록 그에 합당한 삶이 요구됩니다. 하나님은 많이 받은 자에게는 많이 요구하시기 때문입니다. 많이 받은 자가 그에 합당한 삶을 살지 못할 때, 그 받은 것이 그에게 복이 아니라 오히려 해가 될 수도 있습니다.

예수님의 제자였던 가룟 유다가 그와 같은 사람입니다. 그는 예수님의 열두 제자가 되는 특별한 은혜를 받았습니다. 3년 동안 예수님과 함께 다니면서 예수님의 모든 말씀을 다 듣고, 예수님의 모든 사역을 다 보았고, 주님으로부터 특별한 섬김과 은혜를 받았습니다. 주님과 함께 하면서 주님으로부터 많은 것을 보고 배울 수 있는 기회를

얻었습니다. 그럼에도 그는 마음이 강퍅하여 그 은혜를 악으로 갚는 일을 했습니다. 그가 맡은 돈궤에서 돈을 훔치고, 결국 은 30을 받고 예수님을 돈으로 파는 죄까지 지었습니다. 그렇게 하면 안 되는 것을 알고도 고의적으로 지은 죄입니다. 그가 나중에 제정신이 들어 자기 죄를 뉘우치기는 했지만, 회개는 할 수 없었습니다. 고의적으로 지은 죄는 회개가 어렵기 때문입니다. 그는 결국 괴로움에 스스로 목숨을 끊는 비참한 최후를 맞았습니다.

예수님의 제자 중 베드로도 예수님께 큰 죄를 지었습니다. 그는 예수님이 잡히신 밤에 대제사장의 집에서 계집종의 말이 두려워서 예수님을 세 번이나 부인하고 저주하며 맹세까지 했습니다. 베드로는 예수님을 사랑하는 마음과 열정이 있었지만 자기 육신의 연약함 때문에 본의 아니게 예수님을 부인하는 죄를 짓게 되었습니다. 주님은 오히려 그런 그를 긍휼히 여기시고 회개할 기회를 주셨습니다. 그로 인해 베드로는 통곡하면서 회개함으로 그 이후 더 굳건하게 세워졌습니다.

이와 같이 예수님은 알고도 고의적으로 짓는 죄와 자기 마음과 달리 연약해서 어쩔 수 없이 짓는 죄를 다르게 다루십니다. 자신의 연약함으로 짓는 죄에 대해서는 불쌍히 여기시고 회개할 수 있도록 도와주십니다. 하지만 강퍅하고 완고한 마음으로 고의적으로 짓는 죄는 무서운 심판으로 대하십니다.

히브리서 10:26

우리가 진리를 아는 지식을 받은 후 짐짓 죄를 범한즉 다시 속죄하는 제사가 없고

히브리서 10:27

오직 무서운 마음으로 심판을 기다리는 것과 대적하는 자를 태울 맹렬한 불만 있으리라

히브리서 10:28

모세의 법을 폐한 자도 두세 증인으로 말미암아 불쌍히 여김을 받지 못하고 죽었거든

히브리서 10:29

하물며 하나님의 아들을 짓밟고 자기를 거룩하게 한 언약의 피를 부정한 것으로 여기고 은혜의 성령을 욕되게 하는 자가 당연히 받을 형벌은 얼마나 더 무겁겠느냐 너희는 생각하라

우리가 진리를 아는 지식을 받은 후 고의로 죄를 범하면 다시 속죄하는 제사가 없다고 했습니다. 그런 죄에는 오직 무서운 마음으로 심판을 기다리는 것과 대적하는 자를 태울 맹렬한 불만 있다고 했습니다. 짐짓 짓는 죄라는 것은 십자가의 진리를 아는 지식을 받은 후 고의적으로 그것을 부인하고 짓는 죄입니다. 이는 우리 죄를 위해 십자가에 돌아가신 예수님의 희생의 피와 우리에게 죄 사함을 도우시는 성령의 역사를 알고도 멸시하는 불신의 죄입니다. 그런 사람은 하나

님의 사랑과 은혜를 받고도 그에 합당한 선한 열매를 내지 못하고 가시와 엉겅퀴와 같은 악한 열매를 냅니다.

히브리서 6:4
한 번 빛을 받고 하늘의 은사를 맛보고 성령에 참여한 바 되고

히브리서 6:5
하나님의 선한 말씀과 내세의 능력을 맛보고도

히브리서 6:6
타락한 자들은 다시 새롭게 하여 회개하게 할 수 없나니 이는 그들이 하나님의 아들을 다시 십자가에 못 박아 드러내 놓고 욕되게 함이라

히브리서 6:7
땅이 그 위에 자주 내리는 비를 흡수하여 밭 가는 자들이 쓰기에 합당한 채소를 내면 하나님께 복을 받고

히브리서 6:8
만일 가시와 엉겅퀴를 내면 버림을 당하고 저주함에 가까워 그 마지막은 불사름이 되리라

우리 마음 밭에 자주 내리는 하나님의 은혜를 받고도 가시나 엉겅퀴와 같은 악한 열매를 내면 버림을 당하고 저주함에 가까워 마지막은 불사름이 된다고 경고합니다.

가룟 유다가 예수님으로부터 3년 동안 은혜를 받고도 그에 합당한 열매를 맺지 못한 채 오히려 예수님을 팔아넘긴 것은 가시와 엉겅

퀴를 낸 것입니다. 그동안 주님의 많은 은혜를 받고서도 끝까지 주님을 대적하고 십자가를 모욕하는 것은 가시와 엉경퀴 같은 악한 열매입니다.

선한 열매는 우리 스스로 맺을 수 없으며 오직 포도나무 되신 예수 그리스도 안에 거할 때 열매는 절로 맺혀집니다. 예수 그리스도 안에 있지 않으면서 자기 노력으로 열매를 맺고자 할지라도 거기에는 선한 열매가 나오지 않습니다. 예수 그리스도 밖에서는 가시와 엉경퀴 같은 악한 열매 밖에 나오지 않습니다.

요한복음 15:5

나는 포도나무요 너희는 가지라 그가 내 안에, 내가 그 안에 거하면 사람이 열매를 많이 맺나니 나를 떠나서는 너희가 아무 것도 할 수 없음이라

요한복음 15:6

사람이 내 안에 거하지 아니하면 가지처럼 밖에 버려져 마르나니 사람들이 그것을 모아다가 불에 던져 사르느니라

누구든지 주님의 십자가 안에 머물면 저절로 열매가 맺혀집니다. 교회 안에 있을지라도 열매가 없는 것은 주님의 십자가를 부인하고 주님을 떠나있다는 것을 나타냅니다. 더구나 엉경퀴와 같은 나쁜 열매를 내는 것은 그가 예수 그리스도의 십자가 보혈의 능력을 부인하고 있음을 나타냅니다. 결국 열매 없는 가지는 한데 모아 불에 던져져

불살라집니다. 주님의 십자가의 은혜를 멸시하는 죄에 대한 심판입니다. 하나님은 아무도 자기 죄로 멸망하는 것을 원하지 않으시고 그죄를 회개하고 다시 살기를 원하십니다.

베드로후서 3:9

주의 약속은 어떤 이들이 더디다고 생각하는 것 같이 더딘 것이 아니라 오직 주께서는 너희를 대하여 오래 참으사 아무도 멸망하지 아니하고 다 회개하기에 이르기를 원하시느니라

지금도 우리에게 회개의 기회가 주어지는 것은 하나님의 자비가 남아있기 때문입니다. 하나님의 자비와 은혜를 붙잡으면 우리 인생에 새로운 기회가 주어집니다. 하지만 이 마지막 기회마저 저버리면 다른 기회는 없습니다. 오직 무서운 심판이 기다릴 뿐입니다. 그러나 비록 고통스러운 징계일지라도 그것을 회개의 기회로 붙잡는 사람은 다시 새롭게 회복될 수 있습니다.

세상에 가장 악한 앗수르의 니느웨 백성도 하나님의 심판이 선포되었을 때, 왕부터 짐승에 이르기까지 베옷을 입고 금식하며 회개하였습니다. 그러자 하나님은 그 심판을 돌이키시고 재앙을 내리지 않으셨습니다. 그들은 요나마저도 복음을 전하기 싫어서 멀리로 도망갈 만큼 심판을 받아야 마땅한 백성이었습니다. 하지만 하나님은 그

들이 죄악으로 인해서 심판을 받고 멸망하기보다는 하나님의 은혜로
구원을 받기 원하셨습니다.

이스라엘에 가장 악한 왕인 아합이 의인 나봇을 죽인 죄로 인해
엘리야가 그에게 하나님의 심판을 선포했습니다. 그때 아합이 그 심
판의 말을 듣고 자기 옷을 찢고 마음을 낮추어 금식하며 회개할 때
하나님께서 그것을 보시고 그 재앙을 그의 당대에 내리지 않는 긍휼
을 베푸셨습니다.

이와 같이 하나님은 그 어떤 죄를 지었다 해도 하나님 앞에 자기
마음을 겸손히 낮추고 회개할 때 계획된 심판을 돌이키시는 은혜를
베푸십니다. 우리는 비록 죄를 짓지만 예수님이 십자가에 피 값을 지
불하고 사신 소중한 하나님의 자녀이기 때문입니다. 그러므로 잠시
잠깐 방황했을지라도, 이제 다시 십자가를 붙들고 받은 은혜에 합당
한 믿음의 삶을 살 기회를 붙잡아야 합니다. 우리는 하나님의 은혜 없
이는 한 순간도 살 수 없는 존재이기 때문입니다.

이 세상은 징계를 싫어하고 그것을 부정적으로 받아들입니다. 그
러나 하나님의 자녀들은 하나님이 허락하신 징계를 받을 때 하나님
께서 우리에게 주시는 뜻이 있음을 믿어야 합니다. 그것은 아직도 하
나님의 은혜가 남아있다는 증거입니다. 마음을 돌이켜 새로운 삶을
살기를 원하시는 아버지의 사랑입니다. 징계를 받을 때 사람을 바라

보던 우리의 눈을 오직 하나님께만 맞추어야 합니다. 그리고 겸손히 마음을 낮추어야 합니다. 징계를 통해서 더 깊은 사랑으로 찾아오시고 아픈 곳을 싸매시는 하나님을 경험할 때 주님의 친밀함 안에 거할 수 있습니다. 이것이 징계를 통해 자녀가 얻게 되는 하나님의 은혜입니다.

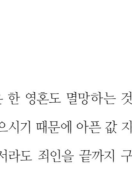

하나님은 한 영혼도 멸망하는 것
을 원치 않으시기 때문에 아픈 값 지
불을 통해서라도 죄인을 끝까지 구
원하고자 하십니다. 이것이 자기 자
녀를 끝까지 사랑하시는 아버지의
마음입니다.

나누어 보기

1. 하나님의 징계가 주어지는 이유와 목적이 무엇인지 나누어 보세요.

2. 하나님의 징계에 대한 우리의 자세와 징계가 주는 유익이 무엇인지 나누어 보세요.

3. 심판이 주어지는 이유와 그 심판에 대한 우리의 자세에 대해 나누어 보세요.

디모데후서 2:1-7

¹ 내 아들아 그러므로 너는 그리스도 예수 안에 있는 은혜 가운데서 강하고 ² 또
네가 많은 증인 앞에서 내게 들은 바를 충성된 사람들에게 부탁하라 그들이 또
다른 사람들을 가르칠 수 있으리라 ³ 너는 그리스도 예수의 좋은 병사로 나와 함
께 고난을 받으라 ⁴ 병사로 복무하는 자는 자기 생활에 얽매이는 자가 하나도 없
나니 이는 병사로 모집한 자를 기쁘게 하려 함이라 ⁵ 경기하는 자가 법대로 경기
하지 아니하면 승리자의 관을 얻지 못할 것이며 ⁶ 수고하는 농부가 곡식을 먼저
받는 것이 마땅하니라 ⁷ 내가 말하는 것을 생각해 보라 주께서 범사에 네게 총명
을 주시리라

은혜 받은 자의 사명

우리가 지금 예수님을 믿고 신앙하기까지는 2,000년 동안 누군가에 의해 끊임없이 예수님의 십자가 복음이 전해져 왔기 때문입니다. 복음을 들은 사람이 그 복음을 다른 사람에게 증거했기 때문에 그 복음이 오늘날 우리에게까지 전달될 수 있었습니다. 만약 그들이 복음의 은혜를 받고도 다른 사람에게 전하지 않았다면 오늘날 기독교는 이미 끝났을 것이고, 우리 역시 지금 이 자리에 있을 수 없을 것입니다.

예수님께서 이 땅에 오셔서 공적인 사역을 하신 것은 불과 3년 정도밖에 되지 않습니다. 그러나 그 예수님의 사역은 3년으로 끝나지 않고 지금까지 2,000년 이상 계속 이어지고 있습니다. 그 이유는 예수님이 3년 동안 열두 제자를 훈련하여 세우심으로 복음을 계승할 수 있게 하셨기 때문입니다. 훈련된 제자를 세우지 않고 예수님만 복음을 전하신 후 사역이 끝났다면 복음은 효과적으로 전달되지 못했을 것입니다.

또한 훈련받은 열두 제자가 예수님이 전해주신 복음을 다른 사람에게 계승하지 않았다면 그 복음은 제자들 선에서 끝났을 것입니다. 이는 예수 그리스도의 복음의 은혜를 받은 자는, 자신이 받은 복음을 다른 사람에게 계승하는 것이 얼마나 중요한가를 말해줍니다. 복음은 그것을 받은 자만의 것이 아니며 다른 사람에게 계승하는 것이 중요합니다. 복음을 듣고 은혜를 받는 것도 중요하지만 그 복음을 또 다른 사람에게 계승할 수 있는 제자를 세우는 것은 더 중요합니다. 이런 면에서 예수님이 3년 동안 많은 일을 하셨지만 그중에 가장 중요한 사역은 장차 복음 사역을 계승할 열두 제자를 세우신 일입니다.

사도 바울은 자신으로부터 복음을 받은 디모데에게 그에 합당한 사명을 감당할 것을 권면합니다. 그 사명은 그가 받은 복음을 다른 사람에게 계승할 또 다른 제자를 세우는 것입니다. 이것이 복음을 받은 자가 감당해야 할 책임이며 사명입니다. 자기가 세운 한 사람을 통해 대대로 복음의 열매가 기하학적인 숫자로 확장되기 때문입니다. 그러나 아무리 큰 은혜를 받아도 그것을 다른 사람에게 계승하지 않으면 그 복음은 자기 선에서 끊어져 버리게 됩니다. 복음의 은혜를 받은 자라면 다른 사람에게 계승되어야 할 하나님의 복음을 그치게 하는 죄를 짓지 않아야 합니다.

고린도전서 9:16

내가 복음을 전할지라도 자랑할 것이 없음은 내가 부득불 할 일임이라 만일 복음을 전하지 아니하면 내게 화가 있을 것이로다

하나님께서 자기 아들을 십자가에 죽이시면서까지 우리에게 은혜를 주신 것은 자기 한 사람 구원받고 그치기 위함이 아닙니다. 십자가의 은혜를 받았다면 나를 통해 그 은혜를 다른 사람에게 계승하는 사명도 함께 받은 것입니다. 이것이 은혜 받은 자가 감당해야 할 책임입니다.

은혜 받은 자의 사명

디모데는 헬라인 아버지와 유대인 어머니 사이에 태어났습니다. 그는 몸이 병약하고 심성도 소심하며 겁약했으나 바울의 복음을 받은 후 가장 신실한 바울의 동역자가 되었습니다. 바울은 이런 은혜를 받은 디모데가 해야 할 사명에 대해 말하고 있습니다.

은혜 안에 강하라

바울은 디모데에게 먼저 예수 그리스도 안에 있는 은혜 가운데 강하라고 말합니다. 앞으로 이 악한 세상에서 디모데가 하나님의 사명을 감당하기 위해서는 그것으로 인해 주어지는 어려움을 이길 수 있어야 하기 때문입니다.

우리가 이 세상에서 강하기 위해 많은 성경 지식이나, 하나님을 섬길 수 있는 탁월한 능력이나 은사 같은 것이 필요하다고 생각할 것입니다. 그런데 그 모든 것보다 복음의 일꾼을 강하게 하는 것은 예수 그리스도의 은혜입니다.

이 세상에 하나님의 은혜보다 강한 것은 없습니다. 우리에게 주어지는 어떤 어려움이나 두려움, 고난, 난관이 있어도 주님의 은혜가 있으면 아무 문제가 되지 않습니다. 가령 자기 힘으로 도저히 용서가 안 되는 사람도 주님의 은혜가 있으면 저절로 용서가 됩니다. 죽을 것처럼 두렵고 힘든 사건 앞에서도 은혜가 있으면 마음이 평안하고 살 소망이 생깁니다. 이것이 주님이 주시는 은혜의 능력입니다.

예수 그리스도로부터 주어지는 은혜의 중심은 예수 그리스도의 십자가입니다. 예수님께서 우리의 모든 문제를 이미 십자가에서 다 해결해 놓으셨습니다. 이로 인해 누구든지 십자가 은혜 안에 있을 때 우리는 강한 자가 됩니다. 그 은혜 안에서는 약한 자도 강해지고, 두려워하는 자도 담대해지며, 가진 것이 없는 자도 풍성해집니다. 그 은혜가 자기 힘으로 할 수 없는 일을 하게 합니다.

우리가 낙심하고, 두려워하는 것은 자신의 연약함을 바라보기 때문입니다. 십자가를 바라보지 못하고 자신의 문제만을 바라보는 데서 두려움이 주어집니다. 문제의 핵심은 십자가를 바라보지 못하는 불신앙에 있습니다. 자기 의로 강했던 사도 바울은 예수님을 만난 후에 오히려 자신이 약한 것을 자랑했습니다. 자신이 약할 그 때 십자가의 은혜 안에서 강해지는 것을 알았기 때문입니다. 우리는 자기 힘으로 할 수 없는 일이 있을 때, 주님의 십자가 은혜를 구해야 합니다.

고린도후서 12:9

나에게 이르시기를 내 은혜가 네게 족하도다 이는 내 능력이 약한 데서 온전하여짐이라 하신지라 그러므로 도리어 크게 기뻐함으로 나의 여러 약한 것들에 대하여 자랑하리니 이는 그리스도의 능력이 내게 머물게 하려 함이라

복음을 배척하는 세상에서 복음을 계승하고 제자를 세우는 것은 쉬운 일이 아닙니다. 마귀가 그것을 방해하기 때문에 사람의 힘만으로 할 수 없습니다. 이 마귀와의 영적 싸움은 오직 마귀의 세력을 이기신 예수 그리스도의 십자가 능력으로만 할 수 있습니다. 그래서 먼저 예수 그리스도의 은혜 안에서 강해야 합니다.

복음을 부탁하라

바울은 디모데에게 자기에게 들은 그 복음을 다른 사람에게 부탁하라고 당부합니다. 바울은 디모데가 복음으로 구원 받은 그 자체로 머물러 있게 하지 않았습니다. 그가 혼자 구원받고 천국 가는 삶으로 끝나는 것이 아니라, 자신이 받은 복음을 다른 사람에게 부탁할 사명을 감당하게 했습니다. 그 사명은 복음사역을 위해 준비된 사람을 제

자로 세우는 일입니다.

충성된 사람

바울은 디모데가 들은 복음을 그 복음을 가르칠 수 있는 충성된 사람에게 부탁하라고 말합니다. 예수 그리스도의 복음은 주님이 다시 오실 때까지 모든 사람에게 다 전해야 합니다. 이를 위해 그 복음을 다른 사람에게 전할 수 있는 제자를 세우는 일을 해야 합니다. 먼저 제자로 세울 수 있는 준비된 자를 선택해야 하는 데 그는 먼저 충성된 사람이어야 합니다. 충성된 것은 하나님 앞에 신실하여 신뢰할만하다는 것입니다. 충성된 사람은 맡은 일에 책임을 다하며 주님을 위해 살고자하는 열정을 가지고 있습니다. 이렇게 준비된 사람을 제자로 세워야 주님을 위해 고난받으며 사명을 감당할 수 있습니다.

충성된 마음은 큰 일을 하는 데서 나타나기보다 오히려 작은 일에 마음을 드리는 것을 통해 잘 나타납니다. 자기가 드러나지 않는 일을 하는 것을 통해 그 사람의 중심이 드러나기 때문입니다. 주님의 제자가 되려면 오직 주님을 위해 자기를 부인하고 자기 십자가를 질 수 있는 충성된 마음이 있어야 합니다. 사람들 앞에 드러나기 원하고 자기를 위해 사는 사람은 주님을 위해 충성하기 어렵습니다.

자기를 사랑하는 사람은 자기 일에는 충성하지만 주님의 일에는 충성하지 않습니다. 주님을 사랑하는 사람만 그의 나라와 그 의를 구하며 주님께만 충성합니다. 이런 사람에게 복음을 부탁해야 자기를 드러내지 않고, 예수 그리스도만 증거하는 충성된 삶을 살 수 있습니다.

복음 계승을 위해 세워질 일꾼을 선택할 때 많은 사람이 아니라, 열두 제자와 같이 소수의 충성된 사람들을 선택해야 합니다. 준비되지 않은 많은 사람을 다 제자로 세우려고 할 때 아무도 제자로 세워지지 않기 때문입니다. 교회 안에 사람이 많다고 그 자체로 교회가 성장하고 부흥하는 것은 아닙니다. 그 가운데 얼마나 충성된 제자가 세워지는가를 통해 영혼들이 구원되며 하나님 나라가 확장됩니다. 그리고 예수 그리스도의 제자가 세워진 교회 안에 또 다른 제자가 세워지게 됩니다. 제자가 없는 공동체는 군중들이 모이는 모임이 됩니다. 군중은 떡을 위해 예수님을 따라 다니기 때문에 떡이 없으면 떠납니다. 그 때 예수님의 말씀을 위해 사는 제자들만 끝까지 남게 됩니다.

요한복음 6:67

예수께서 열두 제자에게 이르시되 너희도 가려느냐

요한복음 6:68

시몬 베드로가 대답하되 주여 영생의 말씀이 주께 있사오니 우리가 누구에게로 가오리이까

떡을 위해 예수님을 따라다니는 군중 신앙은 예수님의 복음인 말씀에는 관심이 없습니다. 예수님의 복음의 말씀을 듣지 못하는 사람은 그 말씀대로 살지도 못합니다. 우리는 예수 그리스도의 복음을 듣고 그 말씀에 순종하여 살아가는 충성된 사람에게 복음을 부탁하여 세워야 합니다.

가르칠 수 있는 사람

예수 그리스도의 복음은 그것을 다른 사람에게 가르쳐 양육할 수 있는 사람에게 부탁해야 합니다. 자기 혼자만 복음을 잘 전하는 것으로 그치는 것이 아니라 또 다른 사람을 제자로 세울 수 있는 사람이어야 합니다.

자신이 복음을 열심히 잘 전하는 것도 매우 중요합니다. 그러나 자기 혼자만 복음을 전하면 그 복음이 자기 당대에 끝나기 쉽습니다. 자신을 통해 또 다른 사람을 가르쳐 제자로 세울 수 있어야 그 복음이 계속 전수될 수 있습니다. 자기 혼자 땅 끝까지 복음을 다 전할 수는 없습니다. 그러나 자신을 통해 훈련된 제자가 세워질 때 그들을 통해 많은 사람에게 땅끝까지 복음이 전해질 수 있습니다.

예수님께서도 모든 사람에게 복음을 전하셨지만 이스라엘 안에서만 전하셨습니다. 그리고 열두 제자를 따로 세우는 것을 통해 땅끝까지 복음이 전파되는 일을 하셨습니다. 교회가 복음의 사명을 감당하기 위해서는 많은 군중을 모으는 것보다 복음으로 양육된 많은 제자들을 세워야 합니다.

오늘날 서구 교회가 몰락하게 된 원인 중 하나는 교회 안에 복음을 계승할 제자를 세우지 못한 데 있습니다. 한국 교회도 현재 교회 안에 다음 세대가 비어가고 있습니다. 자기 세대만의 신앙에 만족할 때 그 시대가 사라지면 교회 복음 계승의 역사는 사라지게 될 것입니다. 제자가 세워지지 않고 군중으로 채워진 교회는 그 군중이 사라지면 교회도 함께 사라지게 됩니다. 복음의 계승은 떡을 위해 예수님을 따르는 군중이 아니라 하나님 나라를 위해 살고자 하는 예수 그리스도의 제자를 통해 이루어집니다. 교회 안에 충성된 제자를 세워서 그 복음을 다음 세대에 계승하는 사역이 일어날 때 그런 교회가 마지막 때 남는 교회가 될 것입니다.

사명자의 자세

바울은 디모데에게 군인, 운동 선수, 농부의 비유를 통해 복음 계승의 사명을 가진 일꾼이 어떤 자세를 가져야 하는지를 말하고 있습니다.

군인의 자세

디모데후서 2:3
너는 그리스도 예수의 좋은 병사로 나와 함께 고난을 받으라

디모데후서 2:4

병사로 복무하는 자는 자기 생활에 얽매이는 자가 하나도 없나니 이는 병사로 모집한 자를 기쁘게 하려 함이라

바울은 디모데에게 먼저 그리스도 예수의 좋은 병사로 자신과 함께 고난을 받으라고 합니다. 예수 그리스도의 병사로 살고자 하는 사람은 먼저 복음을 위해 고난받을 자세를 가져야 합니다. 바울 자신도 복음을 위해 고난을 받고 있기 때문에 바울의 동역자로 함께 사역하고자 하면 디모데 역시 고난을 받아야 한다고 말합니다.

고난

군인이 훈련받는 데 필수적으로 감당해야 하는 값 지불은 고난입니다. 훈련에 따르는 고난을 감당할 수 있는 사람만 예수 그리스도의 군사가 될 수 있습니다. 군인은 전쟁에서 적군과 싸워야 하는 임무를 가지고 있습니다. 적을 이길 수 있는 강한 군사가 되기 위해서는 강한 훈련을 받아야 합니다. 그 훈련에 따르는 핵심은 고난입니다. 전쟁이 일어난 실전에서는 고난은 필수적으로 따르기 때문에 미리 그런 훈련이 필요합니다. 전쟁에서 고생하는 것이 힘들다고 편한 방법으로 하면 결과는 패배와 죽음 뿐입니다.

우리의 신앙생활은 혈과 육에 속한 것이 아니라 하늘에 있는 악한 영과의 싸움입니다. 이런 영적 전쟁을 위해 자기를 부인하고 십자가

를 지는 고난을 감당할 수 있어야 합니다. 훈련은 고난이 따르지만 전쟁에서 자기 영혼의 생명을 지키는 갑옷이 됩니다. 강한 군사는 강한 훈련이 요구되며, 강한 훈련에는 강한 고난이 요구됩니다. 그러므로 훈련의 고난을 잘 감당하는 군사가 강한 군사가 됩니다. 좋은 군사가 되기 위해서는 그만한 값 지불이 요구됩니다.

복음의 일꾼으로 세우고자 하는 제자는 이런 고난을 감당할 수 있는 충성된 사람이라야 합니다. 고난을 좋아하는 사람은 아무도 없습니다. 그러나 영적 전투에서 핵심인 죄 문제를 이기기 위해서는 육체의 고난을 감당할 수 있어야 합니다. 고난이 힘들기는 하지만 그 고난을 통해서 우리 영혼을 무너뜨리는 육신의 죄를 그치게 하기 때문입니다.

베드로전서 4:1

그리스도께서 이미 육체의 고난을 받으셨으니 너희도 같은 마음으로 갑옷을 삼으라 이는 육체의 고난을 받은 자는 죄를 그쳤음이니

베드로전서 4:2

그 후로는 다시 사람의 정욕을 따르지 않고 하나님의 뜻을 따라 육체의 남은 때를 살게 하려 함이라

우리가 감당하는 육체의 고난이 죄의 공격을 막는 갑옷이 됩니다. 육체의 고난이 육체의 정욕을 타고 들어오는 죄를 막아주는 역할을

합니다. 육신의 고난을 감당하지 못하는 사람은 죄의 세력을 이기지 못합니다. 주님의 십자가를 피하며 육신을 따라 사는 사람은 결국 죄에 빠집니다. 육신의 세력이 고난을 감당하지 못하게 되고, 고난을 감당하지 못하는 그것으로 죄를 이기지 못하게 됩니다. 죄를 이기려면 자기 육신을 십자가에 못박아야 합니다.

주님의 복음을 위해 받는 고난이 자기 영혼에 갑옷이 됩니다. 자기에게 주어지는 고난의 무게가 곧 자기를 보호하는 갑옷의 두께입니다. 그 갑옷이 무겁고 불편하다고 벗어버리는 순간 자기 영혼을 무장 해제 하는 것입니다. 육체의 고난이 주어질 때마다 십자가를 피하고 고난을 거부하는 것은 스스로 갑옷을 벗어 버리는 것과 같습니다. 주님을 위해 고난을 감당할 수 있는 사람만 영적 전투에서 군사로 세워질 수 있습니다.

사생활에 얽매이지 않음

그리스도의 좋은 병사가 가져야 할 두 번째 자세는 사생활에 얽매이지 않는 것입니다. 군에 입대한 군인은 더 이상 세상에 속한 자기 사생활에 매일 수 없습니다. 입대하는 그 순간 개인 생활은 끝나고, 나라를 위한 군대라는 공동체의 공적인 삶이 시작됩니다. 군인은 자기가 원하는 대로 살아갈 수 없고 자기 위에 세워진 지휘관의 명령에 따라서만 행동해야 합니다. 개인의 사적인 권리를 포기하고 오직 나라만을 위해 정해진 규율을 따라야 하는 신분입니다.

빌립보서 3:7

그러나 무엇이든지 내게 유익하던 것을 내가 그리스도를 위하여 다 해로 여길 뿐더러

빌립보서 3:8

또한 모든 것을 해로 여김은 내 주 그리스도 예수를 아는 지식이 가장 고상하기 때문이라 내가 그를 위하여 모든 것을 잃어버리고 배설물로 여김은 그리스도를 얻고

바울은 이전에 좋아했던 그 모든 것들을 복음을 위해 다 해로 여기며 배설물처럼 여겼습니다. 자신을 율법의 저주에서 구원해 주신 주님의 은혜가 가장 소중한 것임을 알았기 때문입니다. 바울과 같이 이전의 자기 삶이 정리가 되어야 주님의 병사로 살 수 있습니다. 이전에 세상에 속한 육신적인 것들이 끊어지지 않을 때 그것이 자기 사생활에 얽매이게 합니다.

이제 주님의 군사가 되기 위해 이전에 즐기던 세상적인 취미 생활, 세상에 속한 모임들, 세상 오락 거리 등에 얽매였던 것들을 배설물처럼 버려야 합니다. 주님의 병사는 예수님 외에 아무 것에도 얽매이는 것이 없어야 합니다. 아직 끊어지지 않은 세상 것들이 자기 영혼에 올무가 되어 넘어지게 하기 때문입니다. 오직 예수님만을 위해 살고자 할 때 세상에 속한 것들이 저절로 끊어지게 됩니다.

모집한 자만 기쁘게 함

그리스도의 좋은 군사에게 필요한 세 번째 자세는 자기를 군사로 모집한 자만 기쁘게 하는 훈련입니다. 군인은 명령에 따라서만 움직이는 신분입니다. 그는 오직 자기 위에 세워진 지휘관의 명령에 의해서만 움직여야 합니다. 하나님 나라의 병사는 자기를 부르신 예수 그리스도의 명령에만 복종해야 합니다. 세상에 아무리 좋은 이론, 좋은 책, 유명한 사람의 말이 있어도, 오직 예수 그리스도의 말씀에만 순종해야 합니다. 자기가 좋아하는 방식과 자기에게 유익한 것을 따라 살아서는 안 됩니다. 예수 그리스도의 병사는 오직 예수님 한 분만 기쁘시게 하는 삶을 살아야 하기 때문입니다.

고린도후서 5:9

그런즉 우리는 몸으로 있든지 떠나든지 주를 기쁘시게 하는 자가 되기를 힘쓰노라

처음 신앙을 시작할 때는 자기의 유익을 위한 동기에서 신앙을 하기도 합니다. 그런 단계에서는 아직 주님을 기쁘시게 하기보다 자기를 기쁘게 하는 신앙을 할 뿐입니다. 그런 단계에서 어느 날 주님의 십자가를 만나게 될 때 자기 중심적인 신앙에서 하나님 중심적인 신앙으로 바뀌게 됩니다. 자기를 위해서 살던 삶이 오직 주님을 기쁘시게 하는 삶으로 헌신하게 됩니다.

자기를 기쁘게 하려는 신앙은 결국 자신의 영혼에 기쁨이 없는 삶을 살게 합니다. 주님을 위해 살지 않고 자기 육신을 위해 살면 죄의 세력에 잡히게 되기 때문입니다.

우리를 죄에서 구원하신 예수님을 기쁘시게 하는 삶을 살고자 할 때 우리 안에 주님이 주시는 기쁨이 있습니다. 주님의 기쁨이 되는 신앙을 하고자 할 때 우리의 삶은 매우 단순해집니다. 더 이상 자신을 위해 추구하던 세상에 속한 것들이 끊어지게 됩니다. 예수님 중심으로 살 때 세상의 욕심과 유혹에서 벗어날 수 있기 때문입니다.

주님을 기쁘시게 하는 삶을 살 때 우리의 삶에 주님이 주시는 진정한 기쁨이 주어지게 됩니다. 군인이 나라를 위해 희생하며 공로를 세울 때 그것으로 인해 자기 안에 기쁨이 주어지는 것과 같습니다.

경기하는 자의 자세

바울은 계속해서 운동선수의 비유로 복음 계승의 사명을 가진 일꾼의 자세에 대해 말합니다. 복음의 증인이 가져야 할 자세가 운동 선수가 지켜야 할 것과 같기 때문입니다.

운동선수는 운동 경기를 잘하는 것도 중요하지만, 경기 규칙을 잘 지키는 것은 더 중요합니다. 아무리 뛰어난 실력으로 좋은 성적을 얻었어도 경기 규칙을 어긴 선수는 실격이 되어 상을 받을 수 없습니다. 그러면 그동안 열심히 훈련하며 준비한 그의 모든 노력이 헛수고가 됩니다. 그러므로 좋은 운동선수가 되려면 먼저 경기 규칙을 잘 지키는 훈련을 해야 합니다. 운동 선수의 목표는 상을 받는 데 있습니다. 상을 얻고자 하는 선수는 자기를 부인하고 절제하는 훈련을 받아야 합니다. 승부욕이 지나쳐 혈기를 부리거나 속임수를 쓰면 반칙으로 실격이 되거나 퇴장을 당합니다.

이처럼 하나님의 일꾼도 처음부터 하나님이 정하신 법대로 하는 신앙 훈련이 필요합니다. 우리가 지켜야 할 규칙은 절대 진리되신 하나님의 말씀입니다. 신앙 생활을 하나님 말씀대로 순종해서 하는 것이 열심히 하는 것보다 더 중요합니다. 아무리 사람들 앞에 인정받는 중요한 일을 맡고, 큰 일을 해도 하나님 말씀을 거스르는 신앙은 실격 처리됩니다. 그런 신앙에는 상이 없을뿐더러 오히려 심판과 징계가 주어질 뿐입니다.

고린도전서 9:25

이기기를 다투는 자마다 모든 일에 절제하나니 그들은 썩을 승리자의 관을 얻고자 하되 우리는 썩지 아니할 것을 얻고자 하노라

운동 경기에서 이기기를 다투는 자마다 모든 일에 절제해야 합니다. 경기에 우승을 목표로 하는 선수는 혈기, 감정, 욕심을 절제하며 자기 관리를 철저히 합니다. 뛰어난 선수가 되기 위해서는 먼저 자기 관리를 할 수 있어야 합니다. 장기간 선수 생활을 변함없이 잘 유지하

는 선수들은 기량이 뛰어나기 이전에 자기 관리를 철저하게 하는 사람들입니다. 자기 관리가 안 되는 선수는 한 때 뛰어난 기량으로 명성을 얻지만 얼마 가지 못해 추락합니다. 뛰어난 운동선수들 중에 그가 성공한 후에 교만과 허영으로 술, 마약, 음란 등의 문제로 넘어지는 것은 자기 관리가 안 되기 때문입니다.

좋은 신앙을 지키기 위해서는 끝까지 하나님 말씀에 순종해서 자신을 부인하고, 자기 정과 욕심을 십자가에 못 박는 영적 훈련이 필요합니다. 신앙을 적당히 편리위주로 하면 그 때는 편하고 좋은 것 같으나 나중에 하나님 앞에 받을 상이 없습니다. 비록 사람에게 인정받지 못하고, 더딜지라도 하나님 말씀에 정직하게 순종하는 사람이 예수 그리스도의 좋은 제자가 될 수 있습니다. 하나님 말씀을 지키며 사는 그 자체가 승리이며 하나님의 상급입니다.

농부의 자세

복음 일꾼은 농부의 자세를 가져야 합니다. 농부의 특징은 부지런히 수고하는 것입니다. 농부는 아침 일찍 일어나 밤 늦게까지 부지런히 일을 합니다. 수고하며 심은 만큼 거두는 것이 농사의 법칙입니다. 고생하는 것을 싫어하고 게으른 사람은 농부가 될 수 없습니다.

한 영혼을 전도하고 양육하는 일꾼은 충성되게 수고하며 부지런한 자라야 합니다. 농부가 게을러서 봄에 씨를 뿌릴 시기를 놓치게 되면 추수 때 거둘 것이 없게 됩니다. 태풍이 불고, 가뭄이 들 때 자기 몸이 힘들다고 게으름을 피우는 농부는 모든 농사를 망치게 될 것입니다. 어떤 상황에서도 자기 육신을 부인하고 수고하는 사람만이 가을에 추수할 것을 거둡니다.

수고한 농부가 먼저 곡식을 받는다고 말씀합니다. 가을에 추수할 것을 바라보는 농부는 그것을 위해 기쁨으로 수고합니다. 추수할 때의 그 기쁨과 감격을 기대하기 때문입니다. 가을에 풍성하게 추수할 것을 바라보는 기대 때문에 자기를 부인하고 수고합니다. 자기가 직접 농사를 지어 수고한 그 곡식으로 지은 밥과 시장에서 돈으로 쉽게 사온 쌀로 지은 밥은 그 맛이 전혀 다릅니다. 고생한 만큼 밥 맛이 값지고 수고한 만큼 밥의 의미가 다릅니다. 자신의 수고와 노력이 들어간 것은 그 가치가 다르기 때문입니다.

시편 126:5
눈물을 흘리며 씨를 뿌리는 자는 기쁨으로 거두리로다
시편 126:6
울며 씨를 뿌리러 나가는 자는 반드시 기쁨으로 그 곡식 단을 가지고 돌아오리로다

눈물로 씨를 뿌리는 자에게 하나님은 기쁨으로 거두는 열매를 주

십니다. 이처럼 한 영혼을 위해 자신을 드리는 자에게 영혼을 구원하는 열매로 기쁨을 얻게 하십니다. 한 영혼을 위해 부지런히 눈물로 뿌린 헌신은 반드시 기쁨으로 거두게 하시기 때문입니다. 한 영혼이 구원받고 변화되는 그 감격을 맛본 사람은 그것을 위해 수고하는 것을 기쁘게 감당합니다. 자기가 한 수고보다 주어지는 기쁨이 더 크다는 것을 알기 때문입니다.

자신의 눈물의 수고와 섬김으로 한 사람을 도울 때 자기가 도운 그 한 영혼이 천하보다 귀한 보석처럼 값지게 보입니다. 그러나 그 영혼을 위해 수고하지 않는 사람의 눈에는 그렇게 귀하게 보이지 않을 뿐만 아니라 그로 인한 기쁨도 없습니다. 영혼을 위해 수고하는 일꾼이 그 기쁨과 상을 먼저 받기 때문입니다. 그런 기쁨은 부지런히 수고하며 헌신한 사람만 누릴 수 있는 특권입니다.

이와 같이 주님의 십자가 은혜를 받은 사람은 그가 받은 은혜에 합당한 삶을 살아야 할 사명과 책임이 있습니다. 그리고 그 은혜를 증거 할 수 있는 또 다른 제자를 세워야 합니다. 은혜를 받을 자격이 없었던 우리를 구원해 주신 하나님은 우리가 단지 자신의 신앙을 유지하도록 부르신 것이 아닙니다. 나에게 주신 그 값진 복음을 계승할 또 다른 제자를 세우기 위해서 부르신 것입니다.

그 사명은 한계가 없습니다. 주님의 은혜를 받은 자의 최고의 사명은 모든 민족으로 제자를 삼아 십자가의 은혜를 가르쳐 지키게 하는 것입니다. 특별히 아직도 주님의 십자가 은혜를 모른 채 율법의 저주 아래 있는 종교인들에게 이 은혜의 복음을 증거해야 합니다. 이를 위해 우리에게 먼저 주님의 십자가를 아는 은혜를 주신 것입니다.

오랫동안 율법의 저주에서 벗어나지 못하고 율법이 주는 무거운 짐을 지고 살아온 한 사람이 예수그리스도의 은혜를 경험한 것은 놀라운 축복입니다. 그런 놀라운 은혜를 받은 것을 가볍게 여겨서는 안 됩니다. 그들은 자기와 비슷한 율법에 매인 사람을 볼 때 긍휼의 마음이 생길 것입니다. 그들을 은혜의 복음으로 제자 삼을 때, 하나님은 그들로 하여금 또 다른 사람에게 은혜의 복음을 선포하게 하실 것입니다. 하나님은 율법을 이기는 은혜의 복음이 열방 가운데 선포되기를 원하십니다. 우리가 은혜의 복음으로 제자 삼아야 할 대상은 모든 민족입니다.

마태복음 28:19
그러므로 너희는 가서 모든 민족을 제자로 삼아 아버지와 아들과 성령의 이름으로 세례를 베풀고

마태복음 28:20
내가 너희에게 분부한 모든 것을 가르쳐 지키게 하라 볼지어다 내가 세상 끝날까지 너희와 항상 함께 있으리라 하시니라

주님은 이 사명을 감당하는 일꾼과 세상 끝날까지 함께 하시겠다고 약속하셨습니다. 우리에게 주신 은혜는 사명을 감당하기 위해 주어진 것입니다. 그 사명을 감당하지 않는다면, 그 은혜는 더 이상 필요가 없기에 소멸될 것입니다. 받은 은혜를 귀히 여기고 감사함으로 예수 그리스도의 복음을 계승하는 사명을 감당해야 합니다. 이것이 제자로 부름받은 자의 최고의 특권임을 잊지 말아야 합니다.

복음을 듣고 은혜를 받는 것도 중
요하지만 그 복음을 또 다른 사람에
게 계승할 수 있는 제자를 세우는
것은 더 중요합니다. 이런 면에서 예
수님이 3년 동안 많은 일을 하셨지
만 가장 중요한 사역은 장차 복음 사
역을 계승할 열두 제자를 세우신 일
입니다.

나누어 보기

1. 2,000년 전에 전해진 복음을 우리가 어떻게 믿게 되었나요?

2. 주님의 은혜를 받은 자가 해야 할 사명이 무엇인지 나누어
   보세요.

3. 그 사명을 감당하기 위해 구체적으로 해야 할 것은 무엇이며,
   특별히 어떤 사람에게 복음을 부탁해야 하나요?

4. 영적 군사가 갖추어야 할 자세가 무엇인가요?

5. 경기하는 자가 갖추어야 할 자세가 무엇인가요?

6. 농부에게 요구되는 자세가 무엇인지 나누어 보세요.

마가복음 10: 35-45

³⁵세베대의 아들 야고보와 요한이 주께 나아와 여짜오되 선생님이여 무엇이든지 우리가 구하는 바를 우리에게 하여 주시기를 원하옵나이다 ³⁶ 이르시되 너희에게 무엇을 하여 주기를 원하느냐 ³⁷ 여짜오되 주의 영광중에서 우리를 하나는 주의 우편에, 하나는 좌편에 앉게 하여 주옵소서 ³⁸ 예수께서 이르시되 너희는 너희가 구하는 것을 알지 못하는도다 내가 마시는 잔을 너희가 마실 수 있으며 내가 받는 세례를 너희가 받을 수 있느냐 ³⁹ 그들이 말하되 할 수 있나이다 예수께서 이르시되 너희는 내가 마시는 잔을 마시며 내가 받는 세례를 받으려니와 ⁴⁰ 내 좌우편에 앉는 것은 내가 줄 것이 아니라 누구를 위하여 준비되었든지 그들이 얻을 것이니라 ⁴¹ 열 제자가 듣고 야고보와 요한에 대하여 화를 내거늘 ⁴² 예수께서 불러다가 이르시되 이방인의 집권자들이 그들을 임의로 주관하고 그 고관들이 그들에게 권세를 부리는 줄을 너희가 알거니와 ⁴³ 너희 중에는 그렇지 않을지니 너희 중에 누구든지 크고자 하는 자는 너희를 섬기는 자가 되고 ⁴⁴ 너희 중에 누구든지 으뜸이 되고자 하는 자는 모든 사람의 종이 되어야 하리라 ⁴⁵ 인자가 온 것은 섬김을 받으려 함이 아니라 도리어 섬기려 하고 자기 목숨을 많은 사람의 대속물로 주려 함이니라

8

Chapter

은혜 시대의 리더십

살아있는 생명체는 운동력을 가지고 성장하기 때문에 변화가 있습니다. 땅에 심긴 씨앗이 비록 작을지라도 그 안에 생명이 있으면 새로운 변화가 나타납니다. 그 안에 있는 생명이 씨에서 싹을, 싹에서 줄기를, 줄기에서 잎을 내고, 잎에서 꽃을 피우고, 꽃을 통해 열매가 맺히게 합니다. 이처럼 살아있는 생명체에는 그 안에서 변화와 성장이 있습니다. 어떤 것에 성장과 변화가 없다면 그 안에 생명이 없고 죽어있다는 뜻입니다.

우리의 신앙생활도 이와 같습니다. 자기 안에 예수 그리스도의 생명이 있는 사람은 생명이 자라남으로 인격이 성장하고 삶에 변화가 나타납니다. 그런 사람은 그 안에 있는 생명이 자라나면서 또 다른 생명을 낳는 영적인 열매를 맺게 됩니다. 그것이 예수 그리스도의 생명이 있는 사람임을 나타냅니다.

반면 겉모습이 아무리 좋게 보여도 그 안에 생명이 없는 사람은 성장하지 않을뿐더러 어떤 변화나 열매가 없습니다. 비록 교회를 열심히 다니고 성경을 많이 알아도 그 안에 예수 그리스도의 생명이 없는 사람은 시간이 지나도 변화가 없습니다. 마치 생명력이 없는 돌에 아무리 많은 물을 주고, 양분을 주어도 성장과 변화가 없는 것과 같습니다.

하나님께서는 예수 그리스도의 말씀으로 우리 안에 생명의 씨를 심어주십니다. 이 씨의 성장을 위해 계속 비를 내려 양분을 공급하여 그 씨가 자라게 하십니다. 그리고 그 씨가 잘 자라 열매를 맺게 하기 위해 햇볕이라는 훈련을 감당하게 하십니다. 그 때마다 주어지는 양분을 흡수하지 못하거나, 햇빛을 견디지 못하면 식물이 자라지 못하고 말라 죽습니다.

우리의 신앙도 주어지는 말씀을 받지 못하거나, 훈련을 견디지 못하면 시들어버리게 됩니다. 예수님이 이 땅에 오셨을 때 이미 하나님을 섬기는 많은 종교인들이 있었습니다. 그들은 하나님의 율법을 연구하고, 그 율법을 지키려고 노력했습니다. 그럼에도 그들 안에는 하나님의 생명이 없었습니다. 하나님의 말씀을 문자적인 지식으로 받아들였기에 영적 생명이 없었습니다. 그로 인해 그들의 삶에는 새로운 변화가 없었습니다.

우리는 더 이상 이러한 율법에 속한 이전 것에 매이지 않고 예수 그리스도 안에서 성령이 인도하시는 새로운 사역으로 나가야 합니다.

어느 날 요한과 야고보의 어머니가 그의 두 아들과 함께 예수님께 나왔습니다. 마태복음에서는 그의 어머니가 예수님께 자기 두 아들이 주의 좌, 우편에 앉게 해달라고 부탁합니다. 그런데 다른 열 제자들이 이것을 듣고 두 형제에 대해 화를 내었습니다. 예수님의 제자들은 아직 율법 시대에 속한 세상적인 권세의 개념을 가지고 있었습니다. 그들은 지금까지 율법을 따르는 바리새인과 서기관들을 통해서 종교적인 권세의 모습을 보아왔기 때문입니다. 예수님을 따르면서도 세상적인 리더십과 세상적인 권세의 모습만 보았을 뿐이었습니다.

예수님은 이 사건을 통해 제자들에게 하나님 나라의 권세가 이 세상 권세와 어떻게 다른가를 가르치고자 하셨습니다. 예수님은 그들을 율법 시대의 리더가 아닌 은혜 시대의 새로운 리더로 부르셨기 때문입니다.

율법 시대의 리더

율법 시대는 예수 그리스도의 은혜를 모르는 시대입니다. 율법 시대의 리더는 율법의 지식으로 사람을 정죄하고 통제합니다. 율법 시대의 리더십은 죄인인 한 영혼을 살리는 것이 아니라 오히려 그 영혼을 심판하고 죽이는 일을 합니다. 리더 자신은 율법으로 사람을 살리려고 하지만 그 결과는 반대로 나타납니다. 예수님은 이런 것을 두고 "너희는 교인 한 사람을 얻기 위하여 바다와 육지를 두루 다니다가 생기면 너희보다 배나 더 지옥 자식이 되게 하는도다." (마태복음 23:15) 라고 말씀하셨습니다. 그들이 한 영혼을 살리려고 전도하여 율법을 가르치는데 그 결과는 자기보다 더 나쁜 제자를 낳는 것입니다. 이것이 율법 시대의 리더가 행하는 실제입니다. 그들은 세상적인 리더십을 가지고 있었기 때문입니다.

임의로 주관

예수님은 세상의 리더십에 대해 말씀하시면서 세상 집권자들은 사람을 임의로 주관하고 그 고관들은 권세를 부린다고 하셨습니다. 임의로 주관한다는 것은 사람들을 자기 마음대로 지배한다는 뜻입니다. 세상은 자기에게 주어진 권세를 자기 자신의 것이라고 생각합니다. 그러므로 세상 리더들은 권세를 자기 마음대로 사용해도 된다는 생각을 가지고 있습니다. 모든 것을 자기 말에 복종하게 하고, 자기 생각이 항상 정의롭고, 옳은 것처럼 주장합니다.

율법 시대의 종교 지도자들도 이런 세상적인 개념의 리더십을 가지고 있었습니다. 그들은 자기에게 주어진 종교적인 직분을 개인적인 권세로 여겼습니다. 자기에게 주어진 직분을 계급으로 여기고 높은 자가 낮은 자를 자기 임의로 주관하려 합니다. 그들은 자기에게 주어진 직분으로 백성들을 통제하고 조종하는 수단으로 사용했습니다. 율법의 지식으로 다른 사람을 판단하고 정죄하여 심판하는 권세를 행했습니다. 그래서 율법 시대의 권세는 무섭고 엄했습니다. 종교적인 직분으로 영혼을 살리는 것이 아니라 정죄하고 죽이는 역할을 했습니다.

율법적인 리더는 자기 자신은 옳고 선하며, 다른 사람은 부족하다는 논리를 가지고 있습니다. 자신은 회개할 것이 없는 의인으로 여기며, 다른 사람의 죄만 문제 삼기 때문에 자신의 모습을 보지 못함으로 변화와 성장이 없습니다.

이런 리더는 하나님이 주신 직분으로 영혼을 섬기기 위해 사용하기보다 자기 자신의 영광의 수단으로 사용하기에 하나님 앞에는 상급이 없습니다. 목자가 양을 위해 있는 것이 아니라 양이 목자를 위해 있는 개념입니다. 그런 리더십은 사람들을 대할 때 목자와 양의 인격적인 관계가 아니라, 엄하고 무서운 주인과 종의 관계가 됩니다. 그런 리더 밑에서는 그와 같은 율법적인 제자만 양산될 뿐입니다.

권세를 부림

세상 권세자들은 자신에게 주어진 권세로 남을 지배하고 속박합니다. 권세를 부린다는 것은 자기에게 주어진 직분으로 다른 사람을 압제하고, 통제하는 것입니다. 이런 세상적인 권위의 개념을 가진 사람은 교회 안에서 주어진 직분도 그와 동일하게 생각합니다. 교회 직분을 자기 권세로 여기는 사람은 그 직분을 다른 사람을 지배하는 수단으로 사용하려 합니다.

그런 사람에게 직분이 주어지면 직분을 받은 그 자체로 자기가 남보다 낫다는 것에 대한 보증서로 여깁니다. 자신이 남보다 높고, 더 낫기 때문에 다른 사람을 가르치고 고치려고 합니다. 그런 사람은 다른 사람이 자기보다 못하다는 생각으로 배우려하거나 자신의 부족한 것을 인정하려 하지 않습니다. 그래서 자기 죄를 보지 못하므로 자기 안에 갇힌 채 성장이 없이 경직됩니다.

이처럼 자신이 다른 사람보다 낫다는 생각을 하면 가르치려 하고, 권세를 부리려 하고, 자기를 주장하게 됩니다. 이것이 율법 시대의 사람들이 가지고 있는 리더십의 모습입니다. 그러나 자기가 무엇을 안다고 여기는 것은 아직 마땅히 알아야 할 것을 알지 못함을 나타내는 것입니다.

빌립보서 2:3
아무 일에든지 다툼이나 허영으로 하지 말고 오직 겸손한 마음으로 각각 자기보다 남을 낫게 여기고

세상적인 리더는 다른 사람보다 자신이 더 낫다는 개념을 가지고 있습니다. 그러나 하나님 나라의 리더는 자기보다 다른 사람을 더 낫게 여기는 마음을 가집니다. 예수 그리스도의 십자가 중심으로 자신과 다른 사람을 보기 때문입니다.

예수님은 세리와 창기보다 월등히 나으신 분이지만 그들을 무시하고 천대하거나 주장하는 자세로 대하지 않으셨습니다. 오히려 그들을 존중히 여기며, 소중한 영혼으로 대하셨습니다. 또한 예수님은 제자

들보다 높으신 분이지만 제자들의 발을 씻겨주시며 섬기는 본을 보여 주셨습니다.

하나님으로부터 세워진 직분은 영혼을 섬기라고 주어진 직분입니다. 한 영혼을 구원하고 돕는 것은 많은 지식이 아니라 예수 그리스도의 마음을 가진 사랑과 겸손의 인격으로 하는 것입니다.

율법 시대의 리더는 자기를 위해 다른 사람을 부리며, 압제하는 리더십을 행합니다. 한 리더를 위해 다른 사람을 희생시키는 리더십입니다.

은혜 시대의 리더

예수님이 이 땅에 오셔서 묵은 율법 시대를 마치고, 예수 그리스도의 은혜의 시대를 시작하셨습니다. 예수님이 이 땅에 오심으로 기존의 율법적인 종교에 변혁을 가져오게 되었습니다.

예수님은 종교인들이 하나님의 거룩한 성전을 장사하는 강도의 소굴로 만든 것을 개혁하는 일을 하셨습니다. 율법적으로 안식일을 지키던 회당에 들어가 한쪽 손 마른 자의 병을 고치시기도 하고, 귀신들을 쫓아내는 일을 하심으로 당시 종교인들이 금기시 해오던 일을 하셨습니다. 옛 언약의 율법을 폐하시고 새 언약 안에서 새 포도주를 먹게 하셨습니다.

그리고 종교인들에게 금기시 된 세리와 창기 같은 죄인들의 집에 들어가 함께 먹기도 하시고, 현장에서 간음하다 잡힌 여인을 정죄하시지 않고 용서해 주셨습니다. 예수님은 이처럼 율법이 정죄하던 죄인에 대한 관점을 새롭게 바꾸어 놓으셨습니다.

예수님의 이러한 개혁은 옛 율법적인 종교관을 가진 서기관과 바리새인 같은 종교인들에게는 용납할 수 없는 일이었습니다. 반면 그들 밑에서 정죄당하고 죄인 취급받던 세리와 창기 같은 사람들에게는 전혀 새로운 삶이 주어지는 은혜의 시대가 도래했습니다.

예수님이 오심으로 기존의 모든 종교적인 가치관과 질서가 바뀌게 되었습니다. 율법으로 사는 종교인들이 권세를 행하는 율법 중심의 세상에서 이제 어부와 세리 같은 죄인들이 세워지는 예수 그리스도의 은혜의 시대가 되었습니다.

이로 인해 하나님 나라의 리더십에도 변화가 일어났습니다. 지금까지 율법 시대의 종교인이 리더로 세워졌다면 이제는 율법 아래에서 죄인 취급받던 사람들이 리더로 세워지는 리더십에 변화가 생겼습니다. 은혜의 시대에는 더 이상 율법 시대의 사람이 리더가 될 수 없습니다. 예수 그리스도의 십자가의 은혜를 받은 사람만이 새로운 시대의 리더가 될 수 있기 때문입니다. 그래서 예수 그리스도의 십자가 안에서는 먼저 된 자가 나중 되고 나중 된 자가 먼저 되는 일이 일어납니다.

예수님이 하나님 나라의 일꾼으로 선택한 열 두 제자 중에는 기존의 종교 지도자들은 한 사람도 없었습니다. 율법 아래의 리더십은 새시대의 리더로서는 합당하지 않기 때문입니다. 오히려 예수 그리스도 안에서 변화된 세리와 창기들, 어부들이 은혜 시대에 새로운 리더로 부상하게 되었습니다. 그들에게는 기존의 율법에 매인 종교적인 틀이 없었기 때문입니다.

이와 같이 예수님은 이 땅에 오셔서 마지막 때를 향해 새로운 시대를 열어가셨습니다. 그러나 바리새인들은 이런 새로운 시대의 변화를 받아들이지 못했습니다. 그들은 1,500년 전에 주어진 율법 시대를 고수하는 과거 지향적인 종교를 지키려 했기 때문입니다. 그것이 마지막 때를 향한 예수님의 미래 지향적인 종말론적인 사역과 충돌했습니다. 이처럼 옛 가죽부대를 가지고 있는 사람은 하나님의 새로운 역사를 거스르는 삶을 살게 됩니다.

은혜 시대의 일꾼들은 이 세상 나라 기준이 아닌 하나님 나라의 원리로 살아갑니다. 이 땅에 오신 예수님께서 우리에게 은혜 시대의 리더의 본을 보여주셨습니다. 예수님의 리더십은 죄인을 구원하시기 위해 자신이 십자가에 죽어지는 리더십입니다. 이것은 자기 영광을 위해 남을 부리는 율법 시대의 리더십과는 반대되는 것입니다.

섬김

예수님이 통치하시는 은혜 시대의 리더는 다른 사람을 섬기는 겸손한 예수 그리스도의 인격을 가진 사람입니다.

마가복음 10:43

너희 중에는 그렇지 않을지니 너희 중에 누구든지 크고자 하는 자는 너희를 섬기는 자가 되고

하나님 나라의 리더는 다른 사람보다 낮아져서 섬기는 자입니다. 자기를 주장하는 것이 아니라 다른 사람을 나보다 낮게 여기고 종이 되어 섬기는 리더십입니다. 하나님 나라에서는 섬기는 자가 큰 자이며 남의 종이 되는 자가 높은 자이기 때문입니다.

자기 직분으로 스스로 높아지고자 하고, 섬기지 못하는 사람은 하나님 나라에서는 그 직분이 매우 낮은 자입니다. 이 세상에서 스스로 자기를 높이는 자는 하나님 나라에서는 가장 낮은 자입니다.

은혜 시대의 최고의 리더는 가장 낮은 곳에서 낮은 자를 섬길 수 있는 사람입니다. 즉 다른 사람 위에 군림하는 리더가 아니라, 다른 사람을 존중히 여기고 세워주는 리더입니다. 교회 안에서의 리더십은 주어진 직분에서 나오는 것이 아니라 그 사람의 인격과 영적 권위에서 나옵니다. 자기 안에 예수 그리스도의 인격과 영적 권위가 없으면 자기에게 주어진 직분으로 인간적인 권위를 내세우게 됩니다. 그 직분이 자신의 능력이라고 생각하기 때문입니다.

사람에 의해 세워진 직분 그 자체가 어떤 권세나 영향력을 주는 것은 아닙니다. 더구나 보이는 직분이 그 사람의 인격을 보증해 주는 것도 아닙니다. 진정한 권세와 영향력은 하나님으로부터 주어지는 영

적 권세에서 나옵니다. 그것은 예수 그리스도의 십자가를 통해 주어집니다.

교회 안에 많은 문제는 직분을 가진 사람들에 의해 발생합니다. 직분을 가지기 전에는 겸손히 잘 섬기는 것으로 인해 직분이 주어집니다. 그런데 직분을 받은 후에는 그런 자세가 달라집니다. 직분을 통해 섬기는 것보다 오히려 주장하고 군림하려고 하는 데서 문제가 생깁니다. 직분에 대한 잘못된 개념이 이전에 좋은 사람을 더 못하게 만듭니다. 지금까지 주어진 직분으로 군림하고 권세를 부리는 것만 보아왔기 때문입니다. 이런 개념을 가진 사람이 직분을 받으면 자기가 무엇인가 된 줄로 여기게 됩니다. 그래서 자기를 주장하며 다른 사람을 가르치려 합니다. 자신은 자기 위에 세워진 권위 아래서 순종하고 배우려 하지 않으면서 다른 사람에게는 자기 권위에 순종할 것만 요구합니다. 자신은 변하지 않으면서 다른 사람을 변화시키려 함으로 예수 그리스도의 인격이 자라지 못합니다.

진정한 예수 그리스도의 리더십은 주어진 직분으로 다른 사람을 섬길 수 있는 인격에서 나옵니다. 그런 리더는 다른 사람에게 하라고 주장하는 것이 아니라 자기 스스로 그런 본이 되는 삶을 삽니다. 그런 본이 되는 삶을 통해 다른 사람에게 선한 영향력을 나타냅니다. 이런 사람이 예수 그리스도의 십자가 권세를 가진 영적 리더입니다. 이런 리더는 먼저 자기 죄를 회개하고 하나님 앞에 걸리는 것이 없어야 합니다. 깊은 회개를 통해 자신의 옛 자아가 십자가에 못 박힌 사람이라야 합니다.

교회의 리더에게 주어지는 직분은 다른 사람 위에 군림하는 세상적인 직분이 아니라 양을 치는 목자가 되는 영적인 직분입니다. 목자는 권력자가 아니라 섬기는 종의 직분입니다. 진정한 리더는 많이 가르치는 사람이 아니라 많이 배우고자 하는 사람입니다. 그런 사람은, 자기 말을 많이 하는 사람이 아니라 다른 사람의 말을 많이 듣는 자입니다.

이런 리더는 다른 사람을 어떻게 바꿔야 할까보다 자신의 무엇이 바뀌어져야 하는지에 관심을 가집니다. 하나님 앞에 자기가 되어지는 만큼 다른 사람에게 변화의 영향력을 줄 수 있기 때문입니다. 자신이 예수 그리스도의 섬김의 인격으로 변화되는 만큼 자기를 통해 다른 사람이 예수 그리스도의 제자로 세워집니다. 은혜 시대에는 다른 사람을 섬길 수 있는 겸손한 자가 예수 그리스도의 리더가 될 수 있습니다.

희생

마가복음 10:45

인자가 온 것은 섬김을 받으려 함이 아니라 도리어 섬기려 하고 자기 목숨을 많은 사람의 대속물로 주려 함이니라 예수님은 많은 사람의 대속물로 자신의 목숨을 희생할 수 있는 권세를 가지셨습니다. 예수님은 죄 없으신 분으로서 죄인을 위해 자신의 몸을 십자가에 희생하셨습니다. 이것이 하나님 나라에 속한 영적 권세입니다. 세상의 권세는 자기 유익을 위해 다른 사람을 희생시키며 부리는 권세입니다. 반면 하나님 나라의 권세는 다른 사람의 영혼을 구원하기 위해 자신을 희생할 수 있는 권세입니다.

요한복음 10:11
나는 선한 목자라 선한 목자는 양들을 위하여 목숨을 버리거니와

율법 시대의 권세자는 자신을 위해 남을 통제하고, 자기 권위를 드러내려고 합니다. 한 사람을 자기 안에 가두어 속박하려 합니다. 이에 비해 은혜 시대에 예수 그리스도로부터 주어지는 권위는 다른 영혼을 위해 자신이 죽어지는 권세를 행합니다. 그래서 자신이 한 영혼을 위해 죽어지는 십자가를 짐으로 다른 사람을 예수 그리스도께로 인도하는 리더십을 행합니다.

예수님은 베드로에게 예수님의 양을 치라고 하셨습니다. 예수님은 그에게 베드로 자신의 양이 아니라 예수님의 양을 맡기셨습니다. 예수 그리스도의 리더십은 예수님의 양을 자기 사람으로 만드는 것이 아니라 예수님의 제자로 세우는 일을 해야 합니다. 우리는 예수님의 양을 위탁받아 돌보는 청지기이기 때문입니다. 그런 리더만이 그 영

혼의 주인 되신 예수님으로부터 시들지 않는 면류관이 주어집니다.

베드로전서 5:2
너희 중에 있는 하나님의 양 무리를 치되 억지로 하지 말고 하나님의 뜻을 따라
자원함으로 하며 더러운 이득을 위하여 하지 말고 기꺼이 하며
베드로전서 5:3
맡은 자들에게 주장하는 자세를 하지 말고 양 무리의 본이 되라
베드로전서 5:4
그리하면 목자장이 나타나실 때에 시들지 아니하는 영광의 관을 얻으리라

예수 그리스도의 양을 맡은 리더는 우리의 목자장 되신 예수님처럼 맡겨진 양을 위해 자기 목숨을 버리고자 합니다. 예수 그리스도의 리더는 섬기는 리더십이기 때문입니다. 영혼을 무시하며, 존귀하게 여기지 않는 리더십은 예수 그리스도로부터 나온 것은 아닙니다. 양에게 주장하는 자세로 하는 것은 예수님으로부터 나온 권세가 아니기 때문입니다.

세상의 리더는 자신이 살기 위해 다른 사람을 희생시킵니다. 반면 예수 그리스도의 리더십은 다른 사람을 살리기 위해 자신이 희생하고 죽어지는 삶을 삽니다. 그런 죽어지는 리더십을 통해서만 많은 사람이 생명을 얻게 됩니다.

요한복음 12:24

내가 진실로 진실로 너희에게 이르노니 한 알의 밀이 땅에 떨어져 죽지 아니하면 한 알 그대로 있고 죽으면 많은 열매를 맺느니라

요한복음 12:25

자기의 생명을 사랑하는 자는 잃어버릴 것이요 이 세상에서 자기의 생명을 미워하는 자는 영생하도록 보전하리라

자신이 죽지 않는 사람에게는 영혼의 열매가 없습니다. 그런 사람은 자기가 죽지 않기 위해 자기 권위를 내세우는 방법으로 일합니다. 자기 옛 사람의 자아가 십자가에 죽지 않은 사람에게는 새 사람의 영적 권세가 없기 때문입니다. 자기를 부인하고 십자가에 죽을 능력이 없는 사람에게는 새로운 생명을 구원할 수 있는 영적 권세도 없습니다. 그래서 남을 판단하고 정죄하는 리더십에는 가시와 엉겅퀴 같은 쓴 열매만 나옵니다.

예수 그리스도가 통치하시는 은혜의 시대에는 자기 죄를 회개하고 십자가의 죄 사함을 받은 사람만이 하나님 나라의 일꾼으로 세워질 수 있습니다. 자기 죄를 회개하지 않은 리더는 하나님과 사람 앞에 자기 실제 모습을 감추기 위해 외식하게 됩니다. 그런 리더는 맹인이 맹인을 인도하는 것처럼 자신과 다른 사람을 함께 구덩이에 빠지게 합니다.

리더에게 주어지는 어려움은 크고 중요한 일을 해내는 것이 아니

라 자기 안에 있는 죄 문제와의 싸움입니다. 리더에게 주어진 직분 자체가 본의 아니게 다른 사람을 가르치고, 인도하는 선생 된 위치에 있게 합니다. 다른 사람을 가르치는 것으로 인해 자신은 다른 사람보다 더 낫다는 생각을 하게 됩니다. 그리고 다른 사람을 인도하는 위치에 있기 때문에 사람 앞에 더 나은 모습을 보이기 위해 자신의 실제 모습을 감추게 됩니다. 그것이 자신의 진실된 모습을 바로 보지 못하게 하여 자기 죄를 회개하는 것을 어렵게 합니다. 그래서 성경은 선생 된 자가 더 큰 심판을 받을 수 있기 때문에 많이 선생되지 말라고 합니다 (야고보서 3:1).

이것이 신앙 생활을 오래 하고, 다른 사람의 선생 된 리더의 위치에 있는 사람이 가지는 문제입니다. 다른 사람을 가르치고, 섬기는 일을 하다보면 다른 사람의 죄는 잘 보면서도 자기 죄는 보지 못할 수 있습니다. 그런 리더는 다른 사람은 변화되는데 정작 리더 자신은 정체된 신앙에 머물게 됩니다.

고린도전서 9:27

내가 내 몸을 쳐 복종하게 함은 내가 남에게 전파한 후에 자신이 도리어 버림을 당할까 두려워함이로다

사도 바울은 복음을 전하여 많은 사람들을 구원에 이르게 하고 일꾼으로 세우는 일을 하면서 정작 자기 자신이 넘어져 버림당하는

것을 두려워했습니다. 그래서 자기 몸을 쳐서 복종시킨다고 했습니다. 다른 사람을 가르치는 사람은 먼저 자기 자신의 몸을 쳐서 예수님께 복종시킬 수 있을 때 그 직분이 자신에게 유익이 됩니다.

리더는 자기 자신이 먼저 죄를 회개함으로 말씀에 복종하여 믿음이 성장하고 변화되는 삶을 살아야 합니다. 자신은 변화되지 않으면서, 다른 사람이 변화되도록 돕고 힘쓰는 것은 스스로 자신을 속이는 것입니다. 남을 가르치기 이전에 자신이 먼저 말씀 앞에 회개하고, 순종하는 것이 은혜 시대의 리더에게 요구됩니다.

리더는 중요한 직분인 만큼 그에게 주어진 직분에 대한 책임도 주어집니다. 하나님은 많이 맡은 자에게는 많이 요구하시기 때문입니다. 바리새인들은 하나님의 귀한 직분을 많이 맡았습니다. 그리고 다른 사람보다 높은 자리에서 사람들로부터 영광과 칭찬을 구했습니다. 그러나 그들은 다른 사람들을 섬기는 것보다 그들을 정죄하며 군림하는 리더십을 행했습니다. 그 결과 그들은 예수님으로부터 심판과 책망을 받았습니다.

예수님은 세상의 권세자들이 하는 권세에 대해 말씀하신 후 제자들에게 너희는 그렇게 하면 안 된다고 말씀하셨습니다. 하나님 나라에 속한 일꾼은 율법 시대의 방법이나 세상의 방법대로 하면 안 되기 때문입니다. 그런 방법은 하나님 나라에서는 가장 낮고 초라한 사람이 되게 합니다.

예수님은 제자들에게 하나님 나라의 원리에 대해 말로만 가르치시지 않고 자신이 실제 본을 보여주셨습니다. 예수님은 하나님 나라에서 최고의 권세를 가지신 분이지만 실제로 가장 낮은 구유로 오셨습니다. 또 높은 위치에 있는 스승으로서 제자들의 발을 씻겨주시면서 너희도 그렇게 하라고 하셨습니다. 그리고 아무 죄가 없으시고 가장 의로우신 분임에도 죄인을 위해 십자가에 자신을 희생하시면서 돌아가셨습니다.

이와 같이 예수 그리스도의 리더는 양을 위해 자기 목숨을 버리며 희생하는 본을 보이는 리더십을 행하는 자입니다. 그리고 양을 뒤에서 재촉하며 지시하는 리더가 아니라 양을 앞서 가면서 본을 보이며 인도하는 리더입니다.

요한복음 10:4
자기 양을 다 내놓은 후에 앞서 가면 양들이 그의 음성을 아는 고로 따라오되
요한복음 10:11
나는 선한 목자라 선한 목자는 양들을 위하여 목숨을 버리거니와
요한복음 10:12
삯꾼은 목자가 아니요 양도 제 양이 아니라 이리가 오는 것을 보면 양을 버리고 달아나나니 이리가 양을 물어 가고 또 헤치느니라

한 교회와 공동체는 그 리더의 역량만큼 성장합니다. 그러므로 리더가 변해야 영혼이 변하고, 영혼이 변해야 교회가 변하고, 교회가 변해야 세상이 변합니다. 한 공동체의 변화는 그 공동체의 리더의 변화

로부터 시작합니다.

하나님 나라에서는 낮아져서 섬기는 자가 큰 자이며, 다른 사람의 종이 되는 자가 높은 자가 됩니다. 사람들이 가지고 있는 가장 힘든 문제는 큰 일을 하지 못하는 것이 아닙니다. 세상에 무능력한 사람은 지식이 부족한 사람이 아닙니다. 사람들이 가장 힘들어 하는 것은 힘들고 어려운 일 때문이 아니라 다른 사람보다 낮아지지 못하는 마음 때문입니다. 그런 사람이 더 힘들어 하는 문제는 다른 사람의 종이 되는 일입니다. 이런 일은 지위가 있고, 재물과 학식이 있다고 할 수 있는 일이 아니기 때문입니다. 그래서 이런 사람이 하나님 나라에서 큰 자가 되는 것이 어려운 것입니다.

하나님 나라에서 큰 자가 되는 것은 오직 예수 그리스도의 십자가 권세를 가진 자만이 할 수 있습니다. 그러므로 다른 사람의 종이 되어 다른 사람을 섬길 수 있는 권세를 가진 자가 하나님 나라에서는 가장 큰 자가 됩니다. 세상 권세를 가진 사람은 다른 것은 다 해도 이런 것을 할 수 있는 능력은 없습니다. 그래서 그들이 하나님 나라에서는 가장 낮은 자가 됩니다.

이제 율법 시대를 지나 은혜의 시대에 요구되는 리더십은 하나님 나라에서 큰 자가 되는 리더십입니다. 그것은 자기 자신을 위한 권세가 아닌 다른 사람을 섬기기 위해 희생하는 리더십입니다. 자신을 위해 다른 사람을 부리며 이용하는 리더가 아니라 다른 사람의 생명을 위해 자신의 생명을 희생하는 리더가 예수 그리스도의 제자된 리더입니다.

　진정한 예수 그리스도의 리더십
은 주어진 직분으로 다른 사람을 섬
길 수 있는 인격에서 나옵니다. 그런
리더는 다른 사람에게 하라고 주장
하는 것이 아니라 자기 스스로 그런
본이 되는 삶을 삽니다. 그런 본이
되는 삶을 통해 다른 사람에게 선한
영향력을 나타냅니다.

나누어 보기

1. 세상에서의 권세의 개념이 어떠한지 나누어 보세요.

2. 율법 시대의 리더의 특징이 무엇인가요?

3. 은혜 시대의 리더의 특징이 무엇인가요?

4. 은혜 시대의 리더가 준비되어야 하는 것이 무엇인지 나누어
   보세요.